최재광 (펠트보이)

창의적인 그림, 언제 봐도 기분이 좋아지는 그림을 그리는 것이 목표이자 꿈인 손그림 일러스트레이터. 네이버 블로그 『펠트보이의 손그림 일러스트』는 6만이 넘는 팔로워와 18만이 넘는 포스트스크랩 수를 기록할 만큼 인기가 있습니다. 교원의 어린이 잡지 『위즈키즈』와 육아 잡지 『페어런팅』에 손그림 강좌를 연재했고, 라인카메라 스티커팩, 삼성 PEN.UP, 현대자동차 DOT-TO-DOT 콘텐츠 제작에 참여했으며 여러 출판사와 일러스트 작업도 했습니다. 지은 책으로는 《선 세 개로 시작하는 펠트보이의 참 쉬운 그리기놀이》와 《펠트보이와 함께하는 손그림 일러스트 놀이》, 《펠트보이와 함께하는 컬러링 놀이》, 《펠트보이와 함께하는 점 잇기 선잇기 컬러링 놀이》가 있습니다.

초판 1쇄 발행 2020년 12월 28일 | **초판 10쇄 발행** 2025년 8월 5일

지은이 최재광[펠트보이] | **발행인** 김태웅 | **기획·편집** 황준 | **디자인** MOON-C design | **마케팅 총괄** 김철영 | **온라인 마케팅** 신아연 | **제작** 현대순
발행처 (주)동양북스 | **등록** 제 2014-000055호 | **주소** 서울시 마포구 동교로22길 14 (04030) | **구입 문의** 전화 (02)337-1737 팩스 (02)334-6624 | **이메일** dymg98@naver.com
ISBN 979-11-5768-671-1 73600
© 2020. 최재광

▶ 본 책은 저작권법에 의해 보호를 받는 저작물이므로 무단 전재와 복제를 금합니다.
▶ 잘못된 책은 구입처에서 교환해드립니다.
▶ (주)동양북스에서는 소중한 원고, 새로운 기획을 기다리고 있습니다.
　http://www.dongyangbooks.com

들어가기 전에

> "
> **엄마! 공룡 그려주세요!
> 아빠! 사람 그려주세요!**
> "

아이와 함께 놀 때면 엄마 아빠는 "엄마, 공룡 그려줘! 아빠, 사람 그려줘!"라는 아이의 말을 많이 듣습니다. 이럴 때면 그림에 소질이 없는 엄마 아빠는 어떻게 그려야 하나 싶어 식은땀만 삐질삐질 나곤 하는데요. 엄마 아빠가 미술을 어려워한다면 아이도 따라 어려워하게 됩니다.

이 책은 그림 그리기가 어려운 부모님과 아이들이 즐거운 그림 그리기 시간을 보낼 수 있도록 만들어졌습니다. 글을 모르는 유아부터 학교에서 한참 그리기를 해야 하는 초등학생까지. 누구나 따라 하기 쉬운 그리기 순서와 과정으로 구성되어 있습니다. 또한 다양한 그림들을 그릴 수 있도록 최대한 많이 그림을 실었습니다.

사실 매일 아이들과 놀아주는 것은 결코 쉬운 일이 아닙니다. 하지만 아이와 함께 하나 둘 그림을 그리다 보면 그 시간들이 소중한 추억으로 쌓일 것입니다. 그리고 아이의 그림이 삐뚤빼뚤 이상해도 아이의 생각을 존중해 주시고 인내심을 가지고 격려해 주시며 아낌없이 칭찬해 주세요. 그림에는 정답이 없습니다. 자신의 느낌과 생각을 맘껏 표현하며 창의적인 아이로 자랄 수 있도록 도와주세요.

자! 그럼 사랑스러운 우리 아이와 함께 그리기를 시작해 볼까요?

아이와 함께 소중한 추억을 만들어 보세요.

일러스트레이터 최재광 [펠트보이]

목차

들어가기 전에　　　　　　　　　　　3

가장 쉬운 그림 그리기 기본 익히기　　10

part 01 동물

① 우리집 애교쟁이 강아지와 고양이　　14

② 달리기 시합하는 토끼와 거북이　　16

③ 꼬꼬댁 닭과 삐약삐약 병아리　　18

④ 춤추는 양과 노래하는 늑대　　20

⑤ 잔디 위에 사자와 생쥐　　22

⑥ 숲속의 호랑이와 사슴　　24

⑦ 곰 아저씨와 여우 아줌마　　26

⑧ 여유로운 오후, 말과 기린　　28

⑨ 꿀꿀 돼지와 음매음매 소　　30

⑩ 동물원에는 코끼리와 원숭이　　32

⑪ 엄마가 된 코알라와 캥거루　　34

⑫	어느 가을날, 다람쥐와 고슴도치	36
⑬	나뭇가지 위에 새와 부엉이	38
⑭	물놀이 온 하마와 악어	40
⑮	꽥꽥 오리와 개굴개굴 개구리	42
⑯	돌고래는 물고기가 아니야!	44
⑰	상어가 큰가? 고래가 큰가?	46
⑱	추운 나라에 펭귄과 물개	48
⑲	내 다리가 더 많아! 오징어와 문어	50
⑳	딱딱한 껍질을 가진 꽃게와 새우	52

part 02
곤충과 식물

㉑	꽃구경 온 나비와 벌	56
㉒	한여름 날 애벌레와 매미	58
㉓	오늘도 부지런한 개미와 거미	60

㉔ 가을에는 메뚜기와 잠자리　　　　　　　62

㉕ 나뭇잎에는 달팽이와 무당벌레　　　　　64

㉖ 푸른 나무와 주렁주렁 과일나무　　　　66

㉗ 내가 제일 향기로워! 장미와 튤립　　　　68

㉘ 내가 더 예뻐! 카네이션과 해바라기　　　70

㉙ 과일가게의 과일 친구들　　　　　　　　72

㉚ 채소가게의 채소 친구들　　　　　　　　74

part 03 사람

㉛ 우리는 제일 친한 친구　　　　　　　　　78

㉜ 사랑해요! 엄마 아빠　　　　　　　　　　80

㉝ 귀여운 아기와 동생　　　　　　　　　　82

㉞ 오래오래 사세요! 할아버지 할머니　　　84

㉟ 선생님, 저요! 저요!　　　　　　　　　　86

36	항상 감사합니다! 경찰관과 소방관	88
37	이제 병원은 안 무서워요!	90
38	우주비행사가 외계인을 만났어요!	92

part 04 탈것

| 39 | 부릉부릉 자동차와 삐뽀삐뽀 경찰차 | 96 |
| 40 | 출동! 긴급 상황! 소방차와 헬리콥터 | 98 |

| 41 | 삐뽀삐뽀 구급차와 윙윙윙 굴착기 | 100 |
| 42 | 칙칙폭폭 기차와 슝슝 비행기 | 102 |

| 43 | 바다 위에는 배, 바다 아래에는 잠수함 | 104 |
| 44 | 타요타요! 버스와 택시 | 106 |

| 45 | 부릉부릉 오토바이와 따르릉 자전거 | 108 |

| 46 | 하늘 높이 날아라! 로켓과 열기구 | 110 |

part 05

상상여행

㊼ 옛날에는 지구에 공룡이 살았대! 114

㊽ 옛날 옛적에 공주님과 왕자님이 살았대! 116

㊾ 삐리삐리 로봇과 뾰로롱 요정 118

㊿ 해피 할로윈 데이! 할로윈호박과 마녀 120

(51) 착한 천사와 나쁜 악마 122

(52) 메리 크리스마스! 산타와 눈사람 124

(53) 호박마차를 타고 온 신데렐라 126

(54) 예쁜 성에 사는 백설공주 128

(55) 바다에는 인어공주와 진주조개 130

part 06
사물과 음식

56	내가 살고 싶은 예쁜 우리 집	134
 57 거실에서 딩가딩가 놀아요! 136
 58 오늘은 또 뭐 하고 놀까? 138
 59 내 방 책상을 정리정돈해요! 140
 60 무슨 선물을 사달라고 할까? 142
 61 내가 오늘 가지고 싶은 것은? 144
62 생일 축하합니다! 146
 63 한여름 날의 간식 148
64 즐거운 야식시간 150
65 즐거운 간식시간 152

찾아보기 154

가장 쉬운 그림 그리기 기본 익히기

 **선 그리기** 그림의 기본이 되는 선을 다양하게 그려보세요.
(다양한 선들이 모여서 도형이 완성되지요!)

  →

   →

 +   + =

 **기본도형 그리기** 그림의 기본도형인 동그라미, 세모, 네모를 그려보세요.
(도형을 쉽게 그리려면 그리기 순서를 참고하세요!)

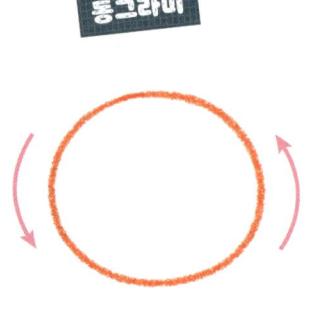 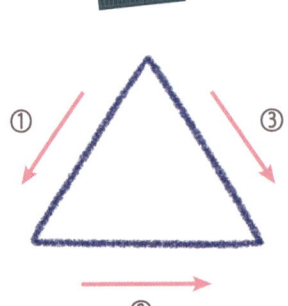 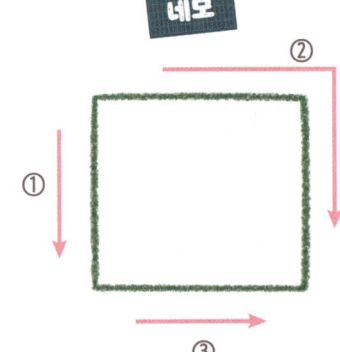

도형 응용하기

기본도형과 여러 가지 도형을 응용해서 그려보세요.
(좋아하는 도형으로 무엇이든 자유롭게 그려요!)

동그라미	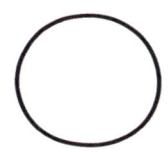				
세모	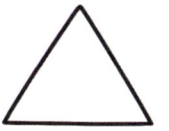				
네모				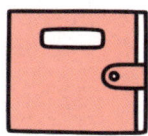	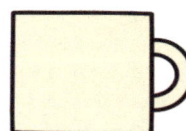

- - -

타원형	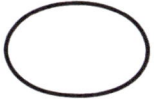				
반달형					
구름형					

TIP 도형의 방향을 바꿔주면 더욱더 다채로운 그림들을 그릴 수 있답니다.

 # 우리집 애교쟁이 강아지와 고양이

 **강아지**

동그란 이마를 그려요.

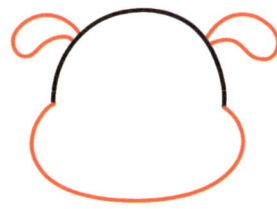
둥근 턱과 귀를 그려요.

눈, 코, 입을 그려요. 얼굴 완성!

다리와 몸을 그려요.

뒷다리와 꼬리를 그려요.

예쁘게 색칠까지 강아지 완성!

고양이

뾰족한 귀를 그려요.

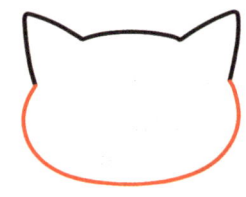
동그란 턱을 그려요.

눈과 입, 수염을 그려요. 얼굴 완성!

둥글게 몸을 그려요.

가지런히 모은 앞다리와 긴 꼬리를 그려요.

예쁘게 색칠까지 고양이 완성!

이렇게도 그려봐요!

02 달리기 시합하는 토끼와 거북이

 토끼

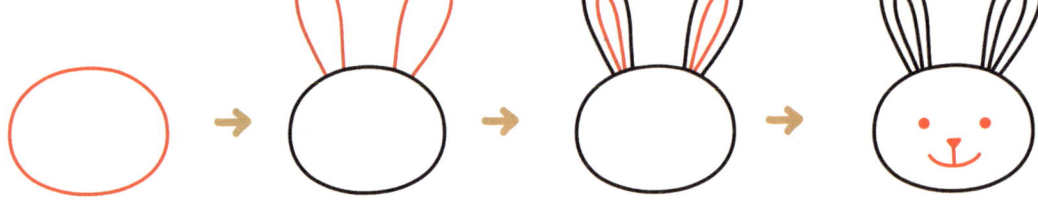

동그란 얼굴을 그려요. → 기다란 귀를 그려요. → 귀를 자세하게 그려요. → 눈, 코, 입을 그려요. 얼굴 완성!

 →  →  →

앞다리를 그려요. / 동그란 몸을 그려요. / 뒷다리와 꼬리를 그려요. / 예쁘게 색칠까지 토끼 완성!

거북이

 → 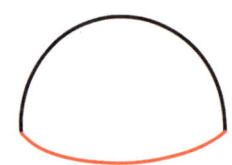 →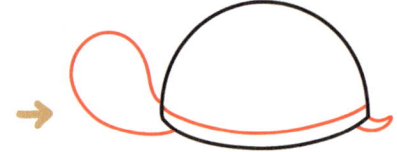

둥근 등껍질을 그려요. / 볼록한 배를 그려요. / 머리와 꼬리를 그려요.

 →  →

눈과 입, 다리를 그리고 등껍질에 무늬를 그려요. / 남은 다리와 등껍질 무늬를 그려요. / 예쁘게 색칠까지 거북이 완성!

이렇게도 그려봐요!

03 꼬꼬댁 닭과 삐약삐약 병아리

 **닭**

길쭉한 얼굴을 그려요.   뾰족한 부리와 눈, 벼슬을 그려요.   둥근 몸을 그려요.

등과 다리, 꼬리를 그려요.   발과 날개를 그려요.   예쁘게 색칠까지 닭 완성!

병아리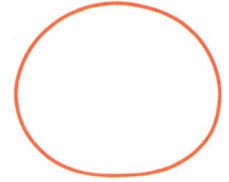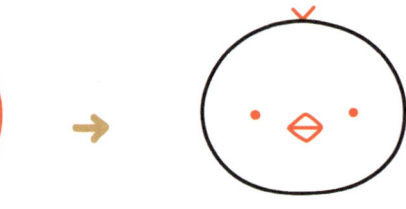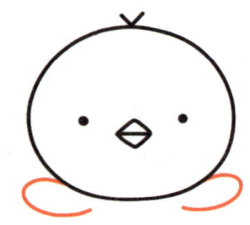

동그란 얼굴을 그려요.   앞머리와 눈, 부리를 그려요.   동그란 날개를 그려요.

동그란 몸을 그려요.   발을 그려요.   예쁘게 색칠까지 병아리 완성!

이렇게도 그려봐요!

이렇게도 그려봐요!

05 잔디 위에 사자와 생쥐

사자

길쭉한 코를 그려요. → 코 양옆에 동그라미 2개를 그려요. → 둥근 귀와 사각 얼굴에 눈썹과 눈을 그려요. → 복슬복슬한 갈기를 그려요. 얼굴 완성!

앞다리를 그려요. → 뒷다리를 그려요. → 발과 꼬리를 그려요. → 예쁘게 색칠까지 사자 완성!

생쥐

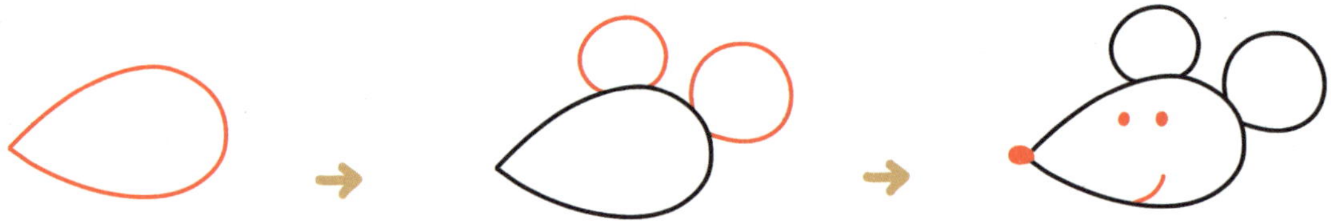

뾰족한 주둥이가 있는 얼굴을 그려요. → 둥근 귀를 그려요. → 눈, 코, 입을 그려요. 얼굴 완성!

세모난 몸을 그려요. → 팔다리와 긴 꼬리를 그려요. → 예쁘게 색칠까지 생쥐 완성!

이렇게도 그려봐요!

06 숲속의 호랑이와 사슴

동그란 얼굴에 세모 코를 그려요.   귀, 코, 입을 그려요.   눈썹과 눈까지 그려요. 얼굴 완성!

동그란 몸과 긴 다리를 그려요.   꼬리와 온몸에 줄무늬를 그려요.   예쁘게 색칠까지 호랑이 완성!

뾰족한 주둥이가 있는 얼굴을 그려요.   길쭉한 뿔과 눈, 코를 그려요.   귀와 입을 그려요. 얼굴 완성!

긴 몸을 그려요.   다리와 꼬리를 그려요.   예쁘게 색칠까지 사슴 완성!

이렇게도 그려봐요!

07 곰 아저씨와 여우 아줌마

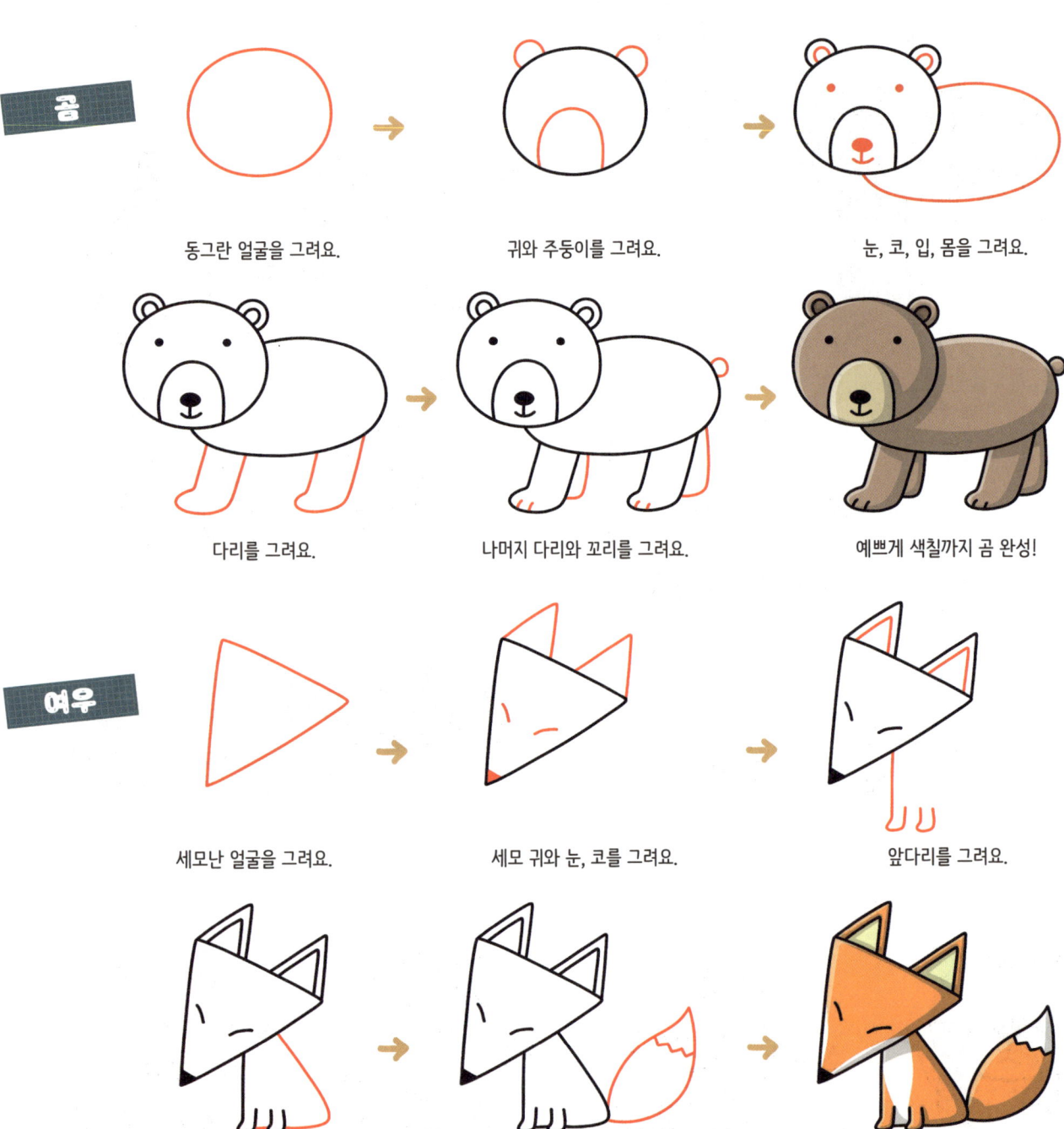

이렇게도 그려봐요!

08 여유로운 오후, 말과 기린

 말

타원형 얼굴을 그려요.

귀와 눈, 코, 입을 그려요.

앞머리와 긴 목을 그려요.

동그란 몸을 그려요.

갈기, 다리, 꼬리를 그려요.

예쁘게 색칠까지 말 완성!

기린

타원형 얼굴을 그려요.

주둥이와 콧구멍을 그려요.

귀와 눈, 입을 그려요.

뿔을 그려요.

긴 목을 그려요.

동그란 몸을 그려요.

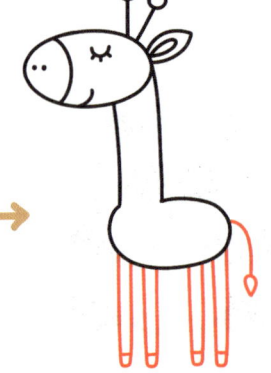
긴 꼬리와 다리를 그려요.

예쁘게 색칠까지 기린 완성!

이렇게도 그려봐요!

09 꿀꿀 돼지와 음매음매 소

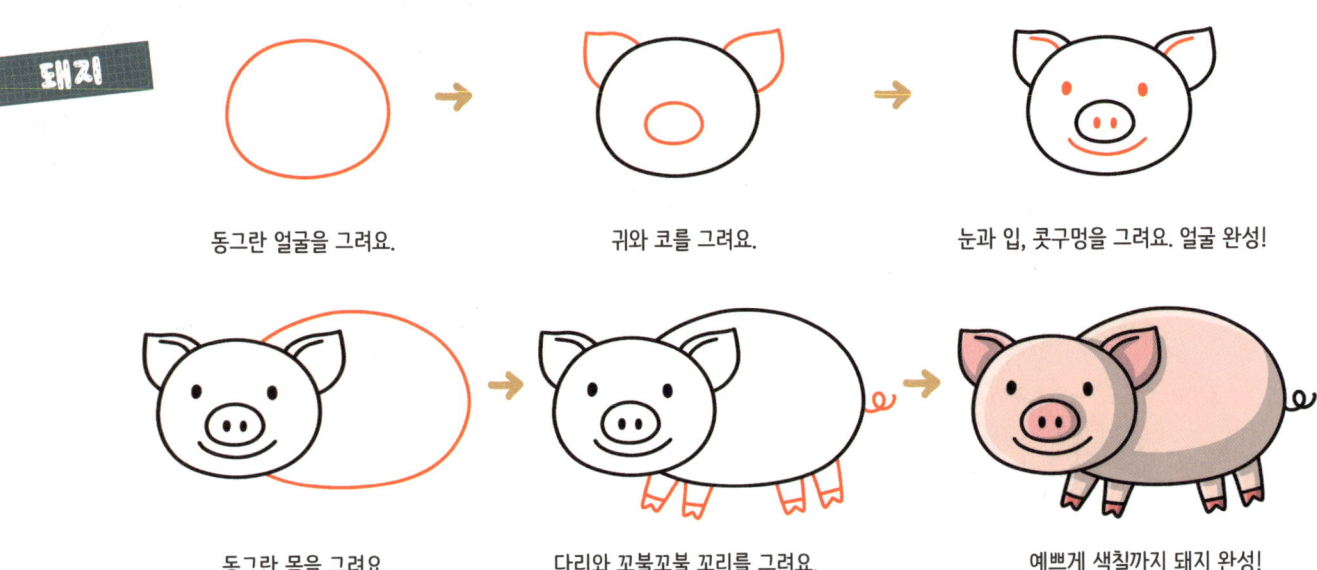

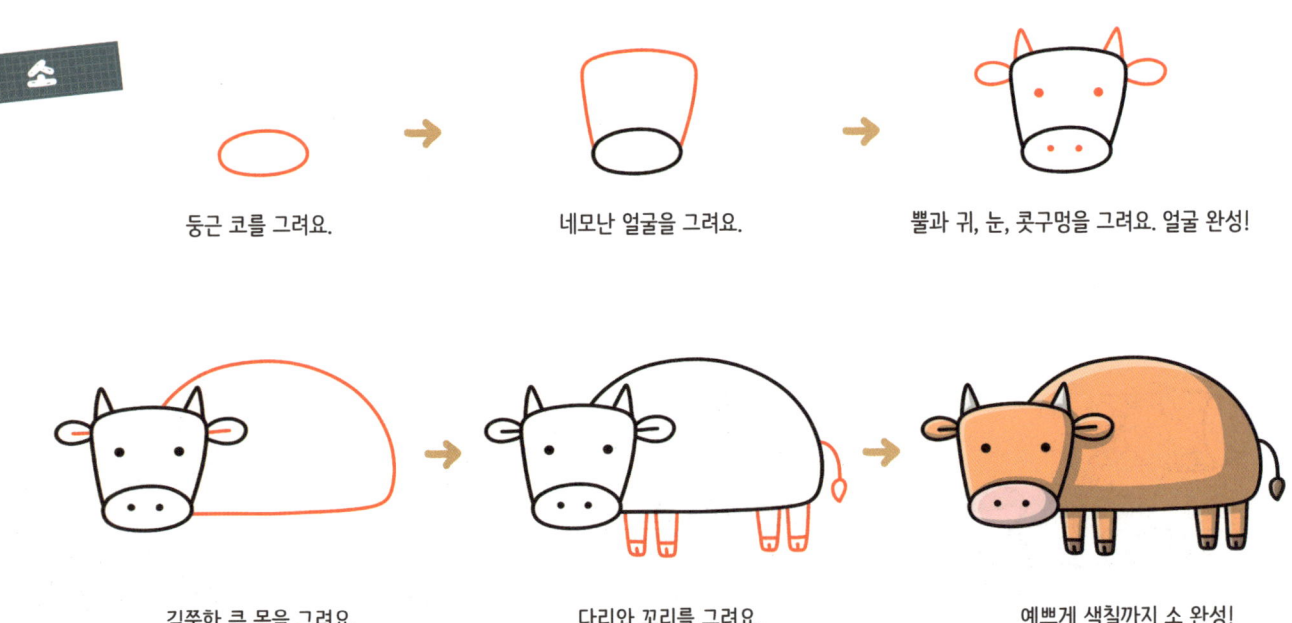

이렇게도 그려봐요!

10 동물원에는 코끼리와 원숭이

 코끼리

동그란 얼굴을 그려요.

귀와 눈, 긴 코를 그려요.

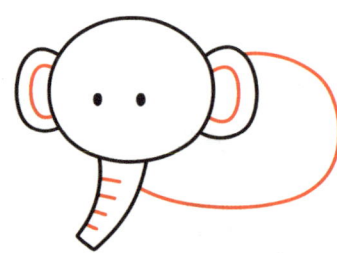
동그란 몸을 그려요.

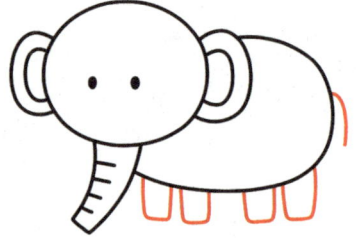
다리와 꼬리를 그려요.

발톱과 꼬리털을 그려요.

예쁘게 색칠까지 코끼리 완성!

원숭이

동그란 얼굴을 그려요.

머리 라인을 그려요.

눈, 코, 귀를 그려요.

입을 그려요. 얼굴 완성!

팔을 그려요.

둥근 몸을 그려요.

뒷다리와 긴 꼬리를 그려요.

예쁘게 색칠까지 원숭이 완성!

이렇게도 그려봐요!

11 엄마가 된 코알라와 캥거루

코알라

동그란 얼굴을 그려요. → 눈, 코, 귀를 그려요. → 입과 앞발을 그려요.

둥근 몸과 뒷발을 그려요. → 나무를 그려요. → 예쁘게 색칠까지 코알라 완성!

캥거루

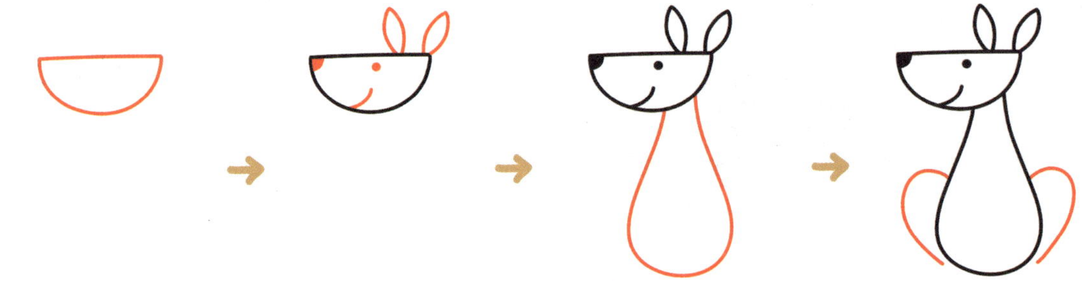

반원의 얼굴을 그려요. → 귀와 눈, 코, 입을 그려요. → 기다란 몸을 그려요. → 둥근 뒷다리를 그려요.

길쭉한 뒷발도 그려요. → 앞발과 아기 주머니를 그려요. → 발굽과 긴 꼬리도 그려요. → 예쁘게 색칠까지 캥거루 완성!

이렇게도 그려봐요!

12 어느 가을날, 다람쥐와 고슴도치

다람쥐

동글 넓적한 얼굴을 그려요.   눈, 코, 귀와 한 손을 그려요.   도토리를 그려요.

둥근 몸을 그려요.   남은 팔다리, 꼬리까지 그려요.   예쁘게 색칠까지 다람쥐 완성!

고슴도치

뾰족한 주둥이가 있는 얼굴을 그려요.   얼굴 부분을 부드럽게 그려요.   귀와 눈, 코, 입을 그려요.

뾰족 가시 등을 그려요.   남은 가시와 다리를 그려요.   예쁘게 색칠까지 고슴도치 완성!

이렇게도 그려봐요!

13 나뭇가지 위에 새와 부엉이

 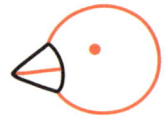 

세모난 부리를 그려요.   둥근 머리에 눈을 그려요.   반원의 몸을 그려요.

반원의 날개와 세모 꼬리를 그려요.   가는 다리와 깃털을 그려요.   예쁘게 색칠까지 새 완성!

부엉이

동그란 얼굴털을 그려요.   동그란 눈을 그려요.   눈동자와 세모난 부리를 그려요.   둥근 이마를 그려요.

뾰족한 귀와 둥근 몸을 그려요.   양 날개를 그려요.   털과 다리를 그려요.   예쁘게 색칠까지 부엉이 완성!

이렇게도 그려봐요!

14 물놀이 온 하마와 악어

하마

둥근 턱을 그려요.

둥근 이마와 눈, 코, 입을 그려요.

작은 귀와 커다란 몸을 그려요.

짧은 다리를 그려요.

발톱과 꼬리를 그려요.

예쁘게 색칠까지 하마 완성!

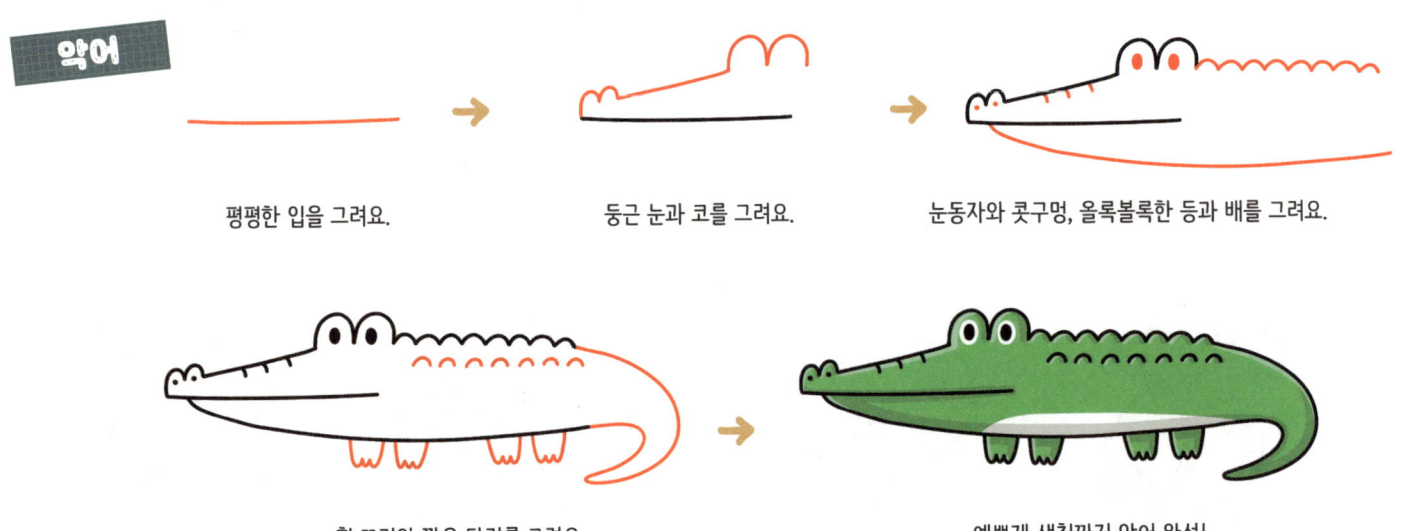

악어

평평한 입을 그려요.

둥근 눈과 코를 그려요.

눈동자와 콧구멍, 올록볼록한 등과 배를 그려요.

휜 꼬리와 짧은 다리를 그려요.

예쁘게 색칠까지 악어 완성!

이렇게도 그려봐요!

 ## 꽥꽥 오리와 개굴개굴 개구리

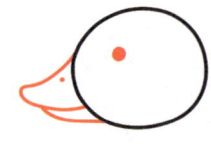

동그란 얼굴을 그려요.   뾰족한 부리와 눈을 그려요.   둥근 몸을 그려요.

꼬리와 다리를 그려요.   오리발과 날개를 그려요.   예쁘게 색칠까지 오리 완성!

둥근 눈 주변을 그려요.   둥근 얼굴을 그려요.   눈, 코, 입과 몸을 그려요.

앞다리를 그려요.   뒷다리를 그려요.   예쁘게 색칠까지 개구리 완성!

이렇게도 그려봐요!

43

16 돌고래는 물고기가 아니야!

 물고기

길쭉한 몸을 그려요.

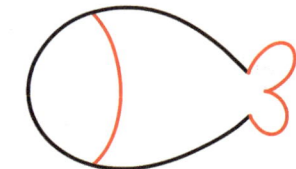
머리와 꼬리지느러미를 그려요.

눈과 입, 가슴지느러미를 그려요.

남은 지느러미와 비늘을 그려요.

지느러미에 주름을 그려요.

예쁘게 색칠까지 물고기 완성!

돌고래

둥근 등을 그려요.

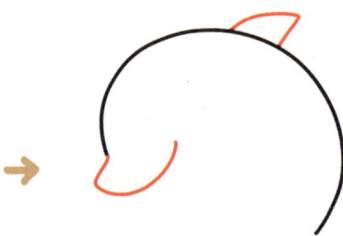
삐죽한 주둥이와 등지느러미를 그려요.

눈과 배를 그려요.

꼬리를 그려요.

가슴지느러미를 그려요.

예쁘게 색칠까지 돌고래 완성!

이렇게도 그려봐요!

 상어가 큰가? 고래가 큰가?

 상어

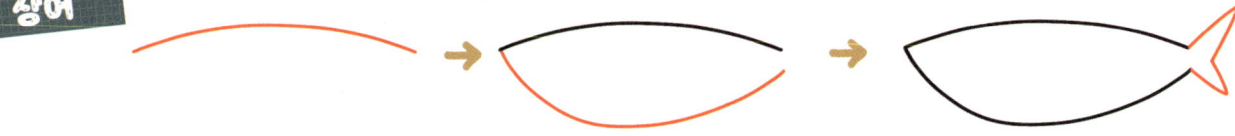

길쭉한 등을 그려요.　　볼록한 배를 그려요.　　뾰족한 꼬리를 그려요.

눈, 입, 등지느러미를 그려요.　　눈동자와 뾰족한 이빨, 가슴지느러미를 그려요.　　예쁘게 색칠까지 상어 완성!

고래

둥근 입을 그려요.　　둥근 등을 그려요.　　입매를 그려요.

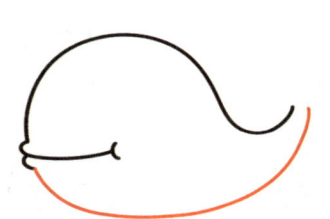  

둥근 배를 그려요.　　가슴지느러미와 꼬리를 그려요.　　예쁘게 색칠까지 고래 완성!

이렇게도 그려봐요!

18 추운 나라에 펭귄과 물개

펭귄

둥근 머리를 그려요. → 둥근 목을 그려요. → 뾰족한 부리를 그려요. → 둥근 얼굴을 그려요.

눈과 앞머리를 그려요. → 뚱뚱한 몸을 그려요. → 작은 날개와 발을 그려요. → 예쁘게 색칠까지 펭귄 완성!

물개

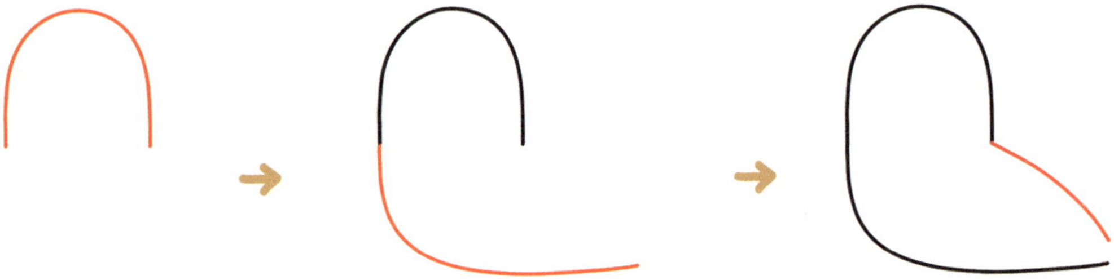

길쭉한 머리를 그려요. → 둥근 배를 그려요. → 둥근 등을 그려요.

눈과 코, 꼬리를 그려요. → 입과 수염, 팔을 그려요. → 예쁘게 색칠까지 물개 완성!

이렇게도 그려봐요!

19 내 다리가 더 많아! 오징어와 문어

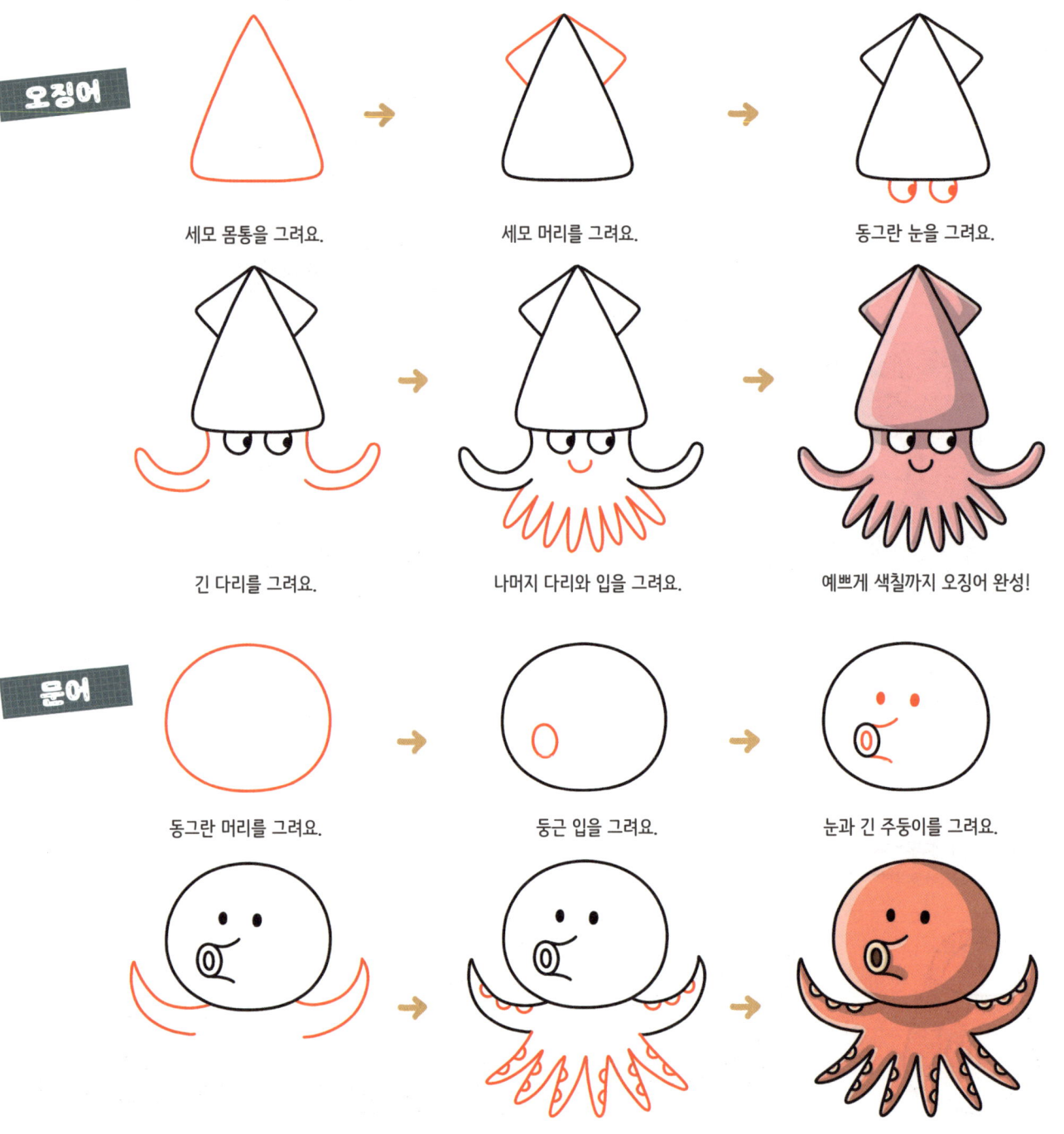

이렇게도 그려봐요!

20 딱딱한 껍질을 가진 꽃게와 새우

꽃게

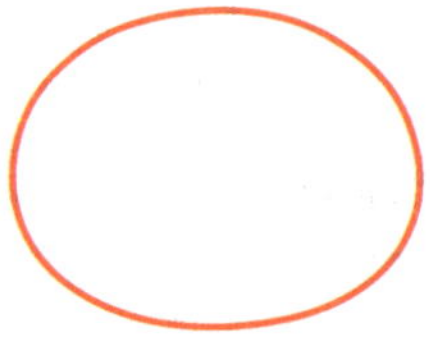

둥근 몸통을 그려요.  → 눈을 그려요.  → 눈과 집게 윤곽을 그려요.

집게를 완성해요.  → 다리와 입을 그려요.  → 예쁘게 색칠까지 꽃게 완성!

새우

직선을 그려요. 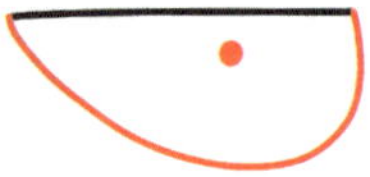 → 둥근 머리와 눈을 그려요. → 흰 등을 그려요. 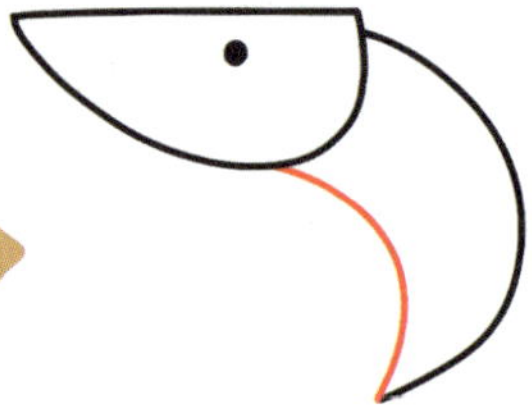 → 오목한 배를 그려요.

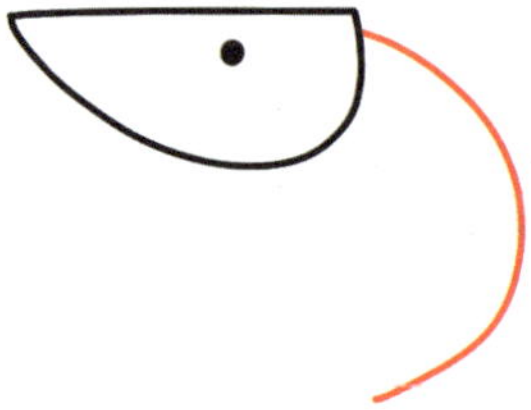

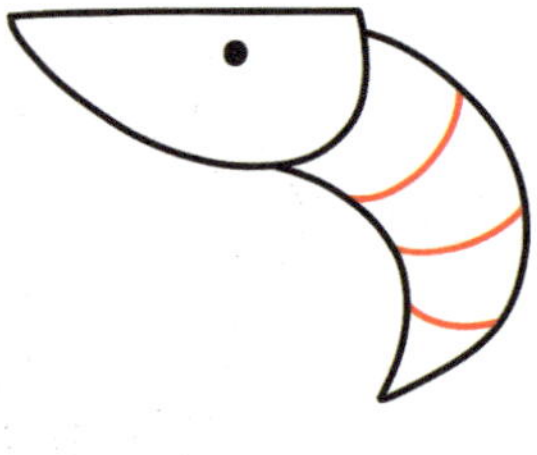

무늬를 그려요. 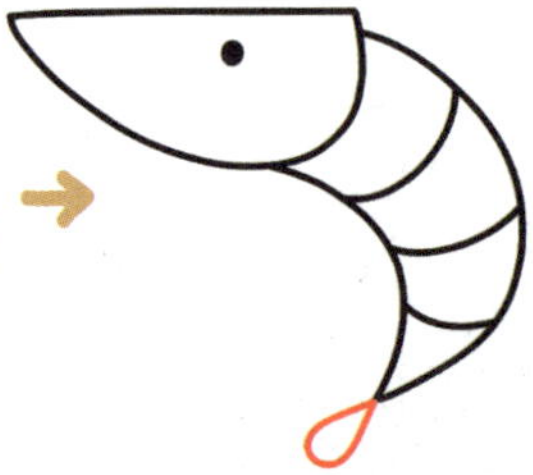 → 꼬리를 그려요. 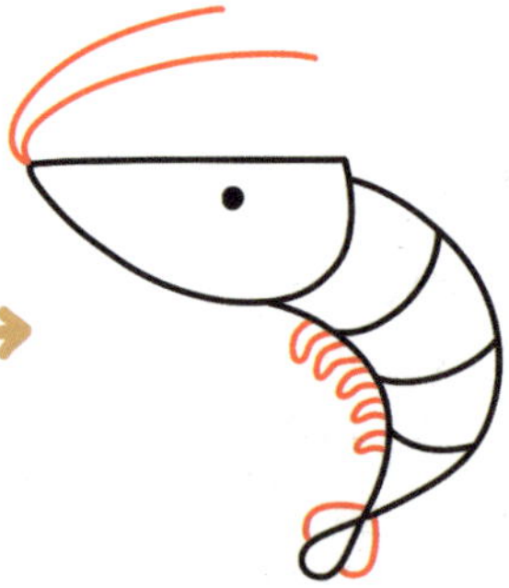 → 다리와 수염을 그려요.  → 예쁘게 색칠까지 새우 완성!

이렇게도 그려봐요!

part 02
곤충과 식물

21 꽃구경 온 나비와 벌

동그란 머리를 그려요.   눈과 입, 더듬이와 배를 그려요.   줄무늬를 그려요.

큰 날개를 그려요.   작은 날개도 그려요.   예쁘게 색칠까지 나비 완성!

동그란 머리를 그려요.   눈과 입, 더듬이와 배를 그려요.   날개를 그려요.

나머지 날개와 다리를 그려요.   줄무늬와 벌침을 그려요.   예쁘게 색칠까지 벌 완성!

이렇게도 그려봐요!

 한여름 날 애벌레와 매미

동그란 머리를 그려요.   더듬이와 눈, 둥근 몸통을 그려요.   몸통을 더 그리고 더듬이와 코, 입을 완성해요.

동그란 몸통을 더 그려요.   다리를 그려요.   예쁘게 색칠까지 애벌레 완성!

반원의 머리를 그려요.   둥근 눈과 세모난 가슴을 그려요.   줄무늬를 그려요.

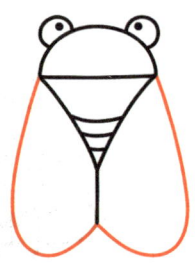 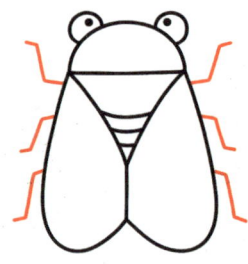 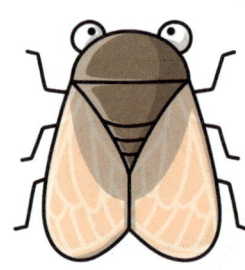

날개를 그려요.   다리를 그려요.   예쁘게 색칠까지 매미 완성!

이렇게도 그려봐요!

23 오늘도 부지런한 개미와 거미

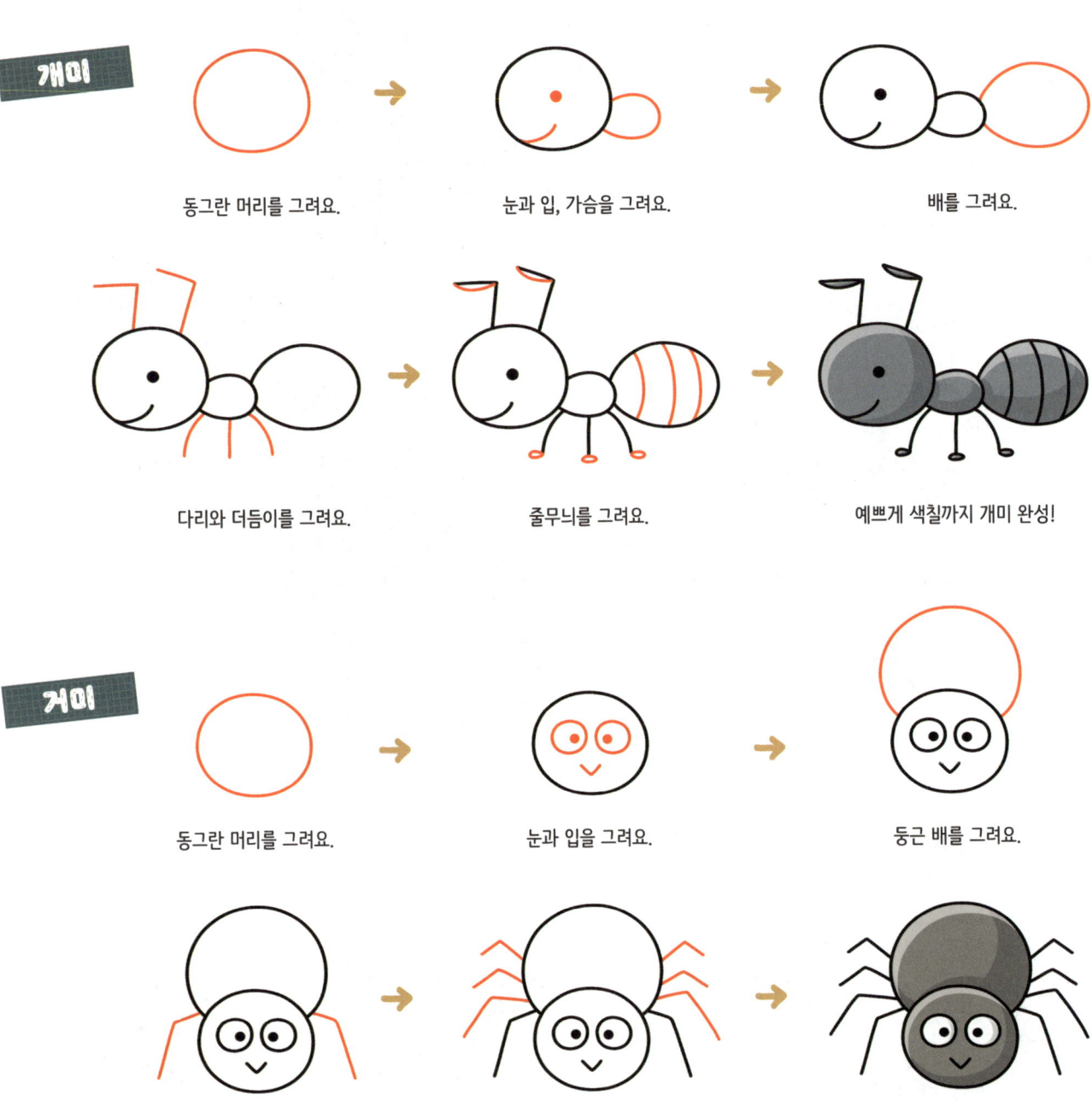

개미

동그란 머리를 그려요. → 눈과 입, 가슴을 그려요. → 배를 그려요.

다리와 더듬이를 그려요. → 줄무늬를 그려요. → 예쁘게 색칠까지 개미 완성!

거미

동그란 머리를 그려요. → 눈과 입을 그려요. → 둥근 배를 그려요.

앞다리를 그려요. → 나머지 다리를 그려요. → 예쁘게 색칠까지 거미 완성!

이렇게도 그려봐요!

24 가을에는 메뚜기와 잠자리

메뚜기

동그란 머리를 그려요.

더듬이와 눈과 입, 반원의 몸통을 그려요.

다리 부분을 그려요.

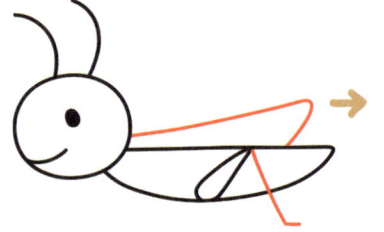

날개와 다리를 그려요.

남은 날개와 다리를 그려요.

예쁘게 색칠까지 메뚜기 완성!

잠자리

동그란 눈을 그려요.

눈동자와 머리를 그려요.

가슴을 그려요.

날개와 배를 그려요.

나머지 날개와 줄무늬를 그려요.

예쁘게 색칠까지 잠자리 완성!

이렇게도 그려봐요!

25 나뭇잎에는 달팽이와 무당벌레

달팽이

 →  →

둥근 얼굴을 그려요. / 꼬불꼬불한 등껍질을 그려요. / 납작한 배를 그려요.

 →  →

동그란 눈과 꼬리를 그려요. / 눈동자와 입을 그려요. / 예쁘게 색칠까지 달팽이 완성!

무당벌레

 → 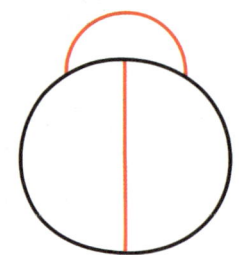 →

동그란 등을 그려요. / 둥근 머리를 그려요. / 더듬이와 눈을 그려요.

 →  →

다리를 그려요. / 동그라미 무늬를 그려요. / 예쁘게 색칠까지 무당벌레 완성!

이렇게도 그려봐요!

26 푸른 나무와 주렁주렁 과일나무

 길쭉한 기둥을 그려요.
 나무밑동을 그려요.
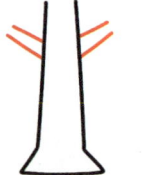 가지를 그려요.
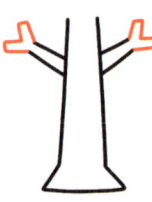 작은 가지도 그려요.

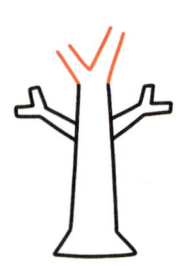 위쪽에 가지를 그려요.
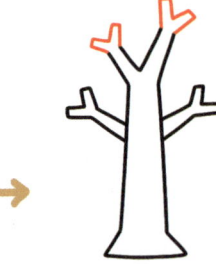 작은 가지도 그려요.
 풍성한 나뭇잎을 그려요.
 예쁘게 색칠까지 나무 완성!

과일나무

 길쭉한 기둥을 그려요.
 나무밑동과 가지를 그려요.
 나이테와 가지를 자세하게 그려요.

 풍성한 나뭇잎을 그려요.
 과일을 그려요.
 예쁘게 색칠까지 과일나무 완성!

이렇게도 그려봐요!

27 내가 제일 향기로워! 장미와 튤립

장미

 → → →

동그라미를 그려요. / 안에 선을 하나씩 그려요. / 밖으로 꽃잎을 둥글게 그려요. / 계속 꽃잎을 그려요.

 →  →  →

반복해서 꽃잎을 그려요. / 잎사귀를 그려요. / 잎맥을 그려요. / 예쁘게 색칠까지 장미 완성!

튤립

 → 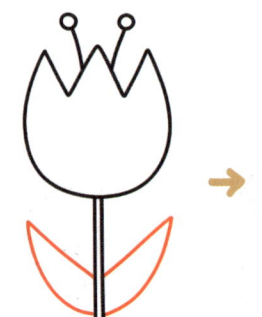 →  →

둥근 꽃잎을 그려요. / 삐죽삐죽 꽃잎을 그려요. / 수술을 그려요. / 꽃가루를 그려요.

줄기를 그려요. / 잎을 그려요. / 잎맥을 그려요. / 예쁘게 색칠까지 튤립 완성!

이렇게도 그려봐요!

 내가 더 예뻐! 카네이션과 해바라기

 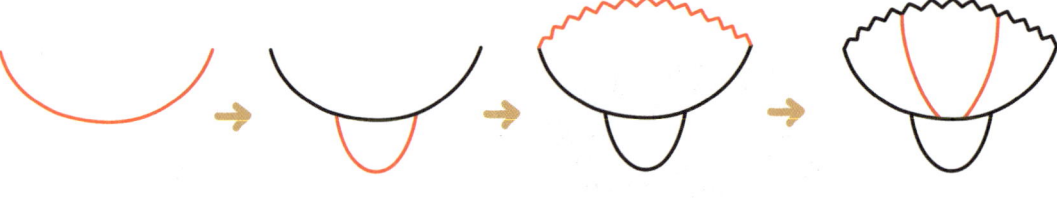

둥근 꽃잎을 그려요.   둥근 꽃대를 그려요.   삐죽삐죽 꽃잎을 그려요.   꽃잎을 나눠 그려요.

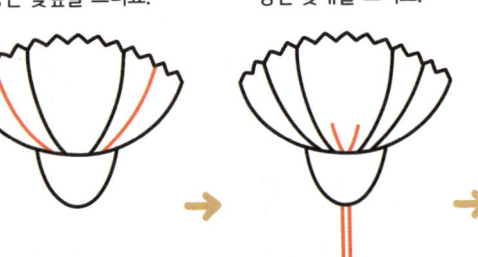  

더 나눠 그려요.   줄기를 그려요.   잎을 그려요.   예쁘게 색칠까지 카네이션 완성!

 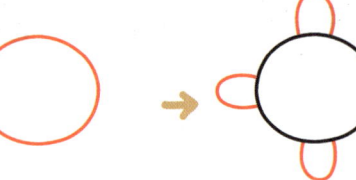  

동그라미를 그려요.   동서남북으로 꽃잎을 그려요.   빈 공간에도 꽃잎을 그려요.   사이사이에 꽃잎을 더 그려요.

줄기와 씨방 부분을 그려요.   잎 부분과 씨방을 그려요.   꽃잎 주름과 잎을 그려요.   예쁘게 색칠까지 해바라기 완성

이렇게도 그려봐요!

 과일가게의 과일 친구들

사과
 →  →  →

사과 꼭지를 그려요. / 동근 열매를 그려요. / 잎사귀를 그려요. / 예쁘게 색칠까지 사과 완성!

딸기
 →  →  →

세모난 열매를 그려요. / 길쭉한 잎을 그려요. / 딸기 씨와 양쪽으로 잎을 더 그려요. / 예쁘게 색칠까지 딸기 완성!

포도
 →  →  →

동그란 포도알을 그려요. / 그 아래에 포도알을 더 그려요. / 남은 포도알과 줄기도 그려요. / 예쁘게 색칠까지 포도 완성!

수박
 → 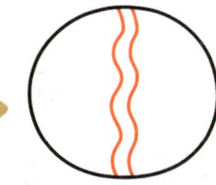 →  →

동그란 수박을 그려요. / 줄을 그려요. / 꼭지와 양쪽으로 줄을 더 그려요. / 예쁘게 색칠까지 수박 완성!

이렇게도 그려봐요!

30 채소가게의 채소 친구들

 →  →  →

둥근 줄기를 그려요. 풍성한 잎과 양쪽에 줄기를 더 그려요. 그 줄기에도 잎을 그려요. 예쁘게 색칠까지 배추 완성!

 →  →  →

길쭉한 기둥을 그려요. 버섯 머리를 그려요. 동그란 무늬를 그려요. 예쁘게 색칠까지 버섯 완성!

 →  →  →

길쭉한 세모를 그려요. 길쭉한 잎을 그려요. 나머지 잎과 홈을 그려요. 예쁘게 색칠까지 당근 완성!

 →  →  →

둥근 모양을 그려요. 위에 길쭉한 잎을 그려요. 나머지 잎도 그려요. 예쁘게 색칠까지 양파 완성!

이렇게도 그려봐요!

part 03
사람

31 우리는 제일 친한 친구

남자아이

둥근 얼굴을 그려요. → 앞머리와 귀를 그려요. → 머리를 그려요. → 눈과 입을 그려요.

몸을 그려요. → 팔과 다리를 그려요. → 신발과 옷을 그려요. → 예쁘게 색칠까지 남자아이 완성!

여자아이

둥근 얼굴을 그려요. → 앞머리와 귀를 그려요. → 머리와 리본을 그려요. → 눈과 입, 묶은 머리를 그려요.

몸을 그려요. → 팔과 다리를 그려요. → 옷과 신발을 그려요. → 예쁘게 색칠까지 여자아이 완성!

이렇게도 그려봐요!

32 사랑해요! 엄마 아빠

이렇게도 그려봐요!

33 귀여운 아기와 동생

 아기

동그란 얼굴을 그려요. / 앞머리를 그려요. / 귀를 그려요. / 눈과 입을 그려요.

몸을 그려요. / 옷을 그려요. / 팔다리를 그려요. / 예쁘게 색칠까지 아기 완성!

 동생

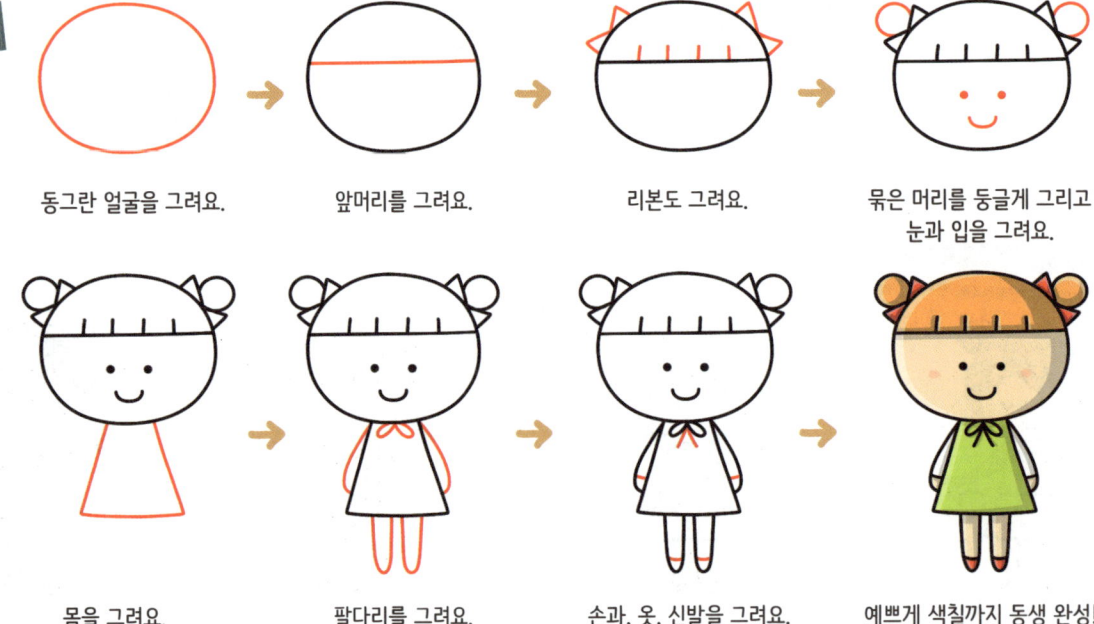

동그란 얼굴을 그려요. / 앞머리를 그려요. / 리본도 그려요. / 묶은 머리를 둥글게 그리고 눈과 입을 그려요.

몸을 그려요. / 팔다리를 그려요. / 손과, 옷, 신발을 그려요. / 예쁘게 색칠까지 동생 완성!

 **34 오래오래 사세요! 할아버지 할머니**

 할아버지

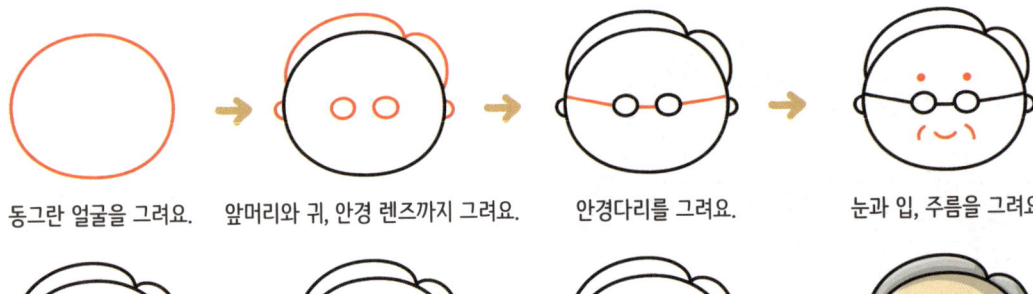

| 동그란 얼굴을 그려요. | 앞머리와 귀, 안경 렌즈까지 그려요. | 안경다리를 그려요. | 눈과 입, 주름을 그려요. |

 →  →  →

몸을 그려요.   팔다리를 그려요.   지팡이와 옷, 신발을 그려요.   예쁘게 색칠까지 할아버지 완성!

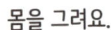 할머니

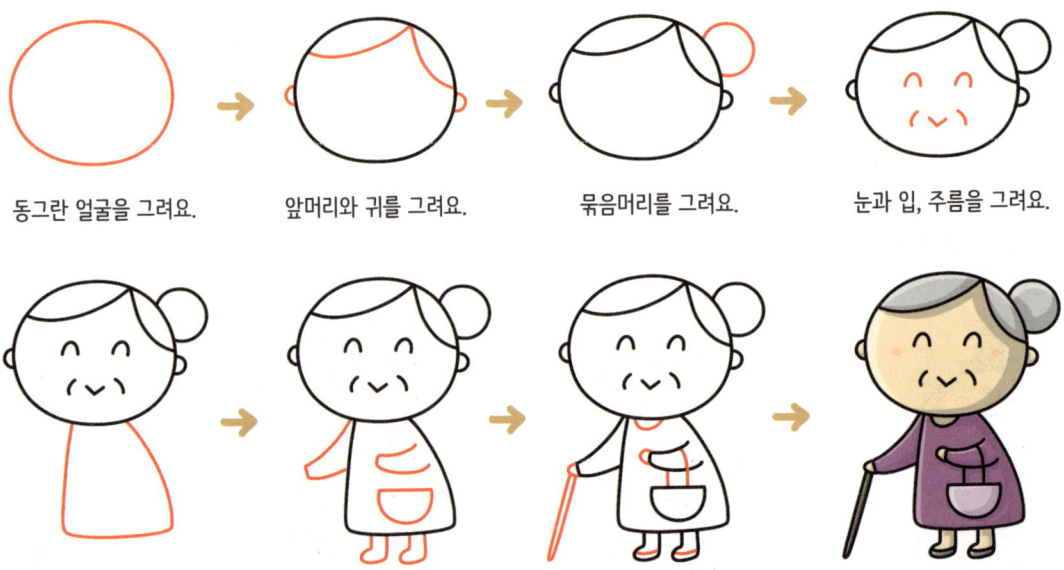

| 동그란 얼굴을 그려요. | 앞머리와 귀를 그려요. | 묶음머리를 그려요. | 눈과 입, 주름을 그려요. |

몸을 그려요.   팔다리를 그려요.   지팡이와 장바구니, 손과 신발을 그려요.   예쁘게 색칠까지 할머니 완성!

🎈 이렇게도 그려봐요!

35 선생님, 저요! 저요!

선생님

둥근 얼굴을 그려요. → 앞머리와 귀를 그려요. → 머리를 그려요. → 눈과 입을 그려요.

몸을 그려요. → 옷과 팔다리를 그려요. → 지시봉과 손, 신발을 그려요. → 예쁘게 색칠까지 선생님 완성!

학생

둥근 얼굴을 그려요. → 앞머리를 그려요. → 머리를 그려요. → 리본과 눈과 입을 그려요.

몸을 그려요. → 팔다리를 그려요. → 책가방과 신발을 그려요. → 예쁘게 색칠까지 학생 완성!

이렇게도 그려봐요!

 ## 항상 감사합니다! 경찰관과 소방관

 경찰관

동근 얼굴을 그려요.

모자챙을 그려요.

모자를 그려요.

앞머리, 귀, 눈, 입을 그려요.

몸을 그려요.

팔다리를 그려요.

손과 옷, 신발을 그려요.

예쁘게 색칠까지 경찰관 완성!

소방관

반원의 모자를 그려요.

모자를 자세하게 그려요.

모자 마크와 얼굴을 그려요.

눈과 입을 그려요.

몸을 그려요.

옷과 팔다리를 그려요.

호스를 그려요.

예쁘게 색칠까지 소방관 완성!

이렇게도 그려봐요!

37 이제 병원은 안 무서워요!

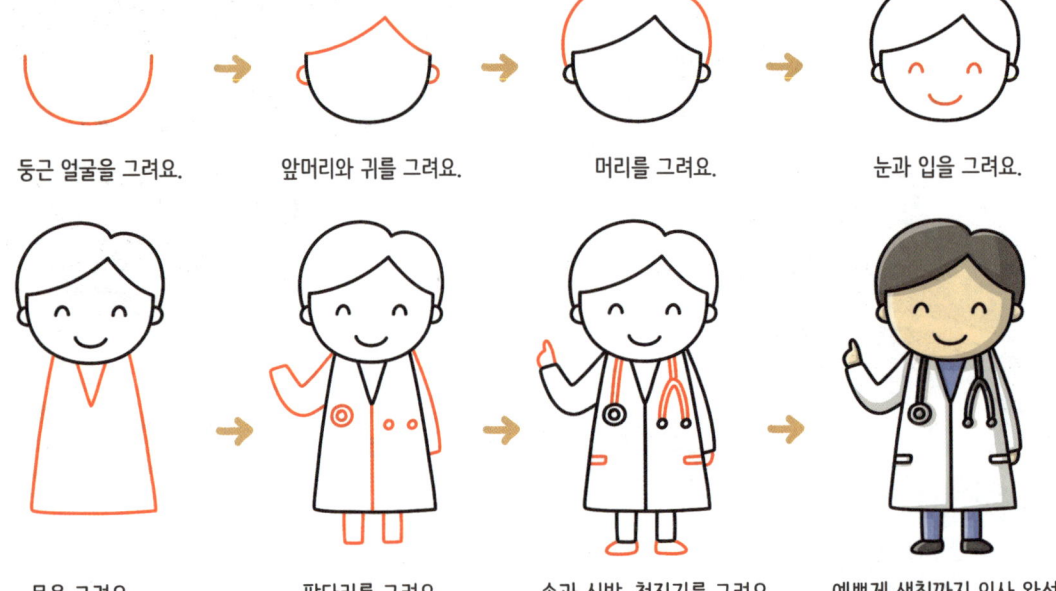

이렇게도 그려봐요!

38 우주비행사가 외계인을 만났어요!

우주비행사

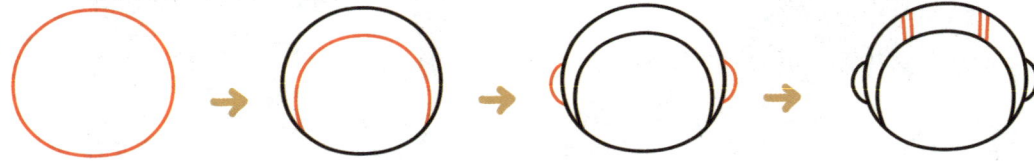

둥근 헬멧을 그려요. → 우주복 모자 부분을 그려요. → 우주복 귀를 그려요. → 헬멧 장식을 그려요.

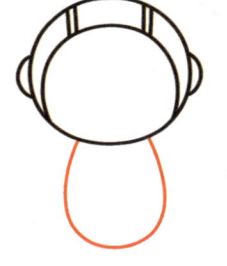 → 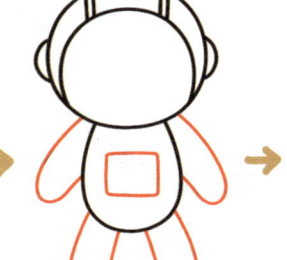 →  →

몸을 그려요. → 팔다리를 그려요. → 옷의 장식을 그려요. → 예쁘게 색칠까지 우주비행사 완성!

외계인

동그란 얼굴을 그려요. → 타원형 눈을 그려요. → 뾰족한 귀를 그려요. → 코와 입을 그려요.

몸통을 그려요. → 팔다리를 그려요. → 손과 발을 그려요. → 예쁘게 색칠까지 외계인 완성!

이렇게도 그려봐요!

 부릉부릉 자동차와 삐뽀삐뽀 경찰차

자동차

바퀴를 그려요. 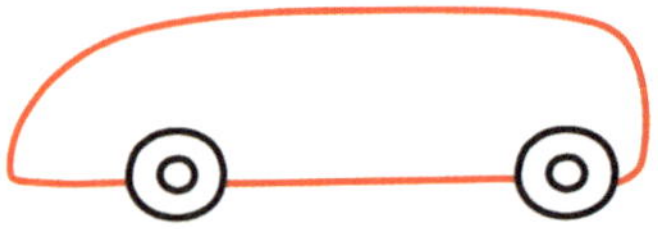 → 길쭉한 자동차 모양을 그려요.  → 유리를 그려요.

전조등을 그려요.  → 문을 그려요.  → 예쁘게 색칠까지 자동차 완성!

경찰차

바퀴를 그려요.  → 길쭉한 경찰차 모양을 그려요.  → 경찰차 윗부분과 전조등을 그려요.

사이렌과 창문을 그려요.  → 차를 자세하게 꾸며요.  → 예쁘게 색칠까지 경찰차 완성!

이렇게도 그려봐요!

 출동! 긴급 상황! 소방차와 헬리콥터

소방차

- 바퀴를 그려요.
- 소방차 바닥을 그려요.
- 소방차 앞부분을 그려요.
- 창문과 소방차 뒷부분을 그려요.
- 사다리와 호스, 사이렌을 그려요.
- 예쁘게 색칠까지 소방차 완성!

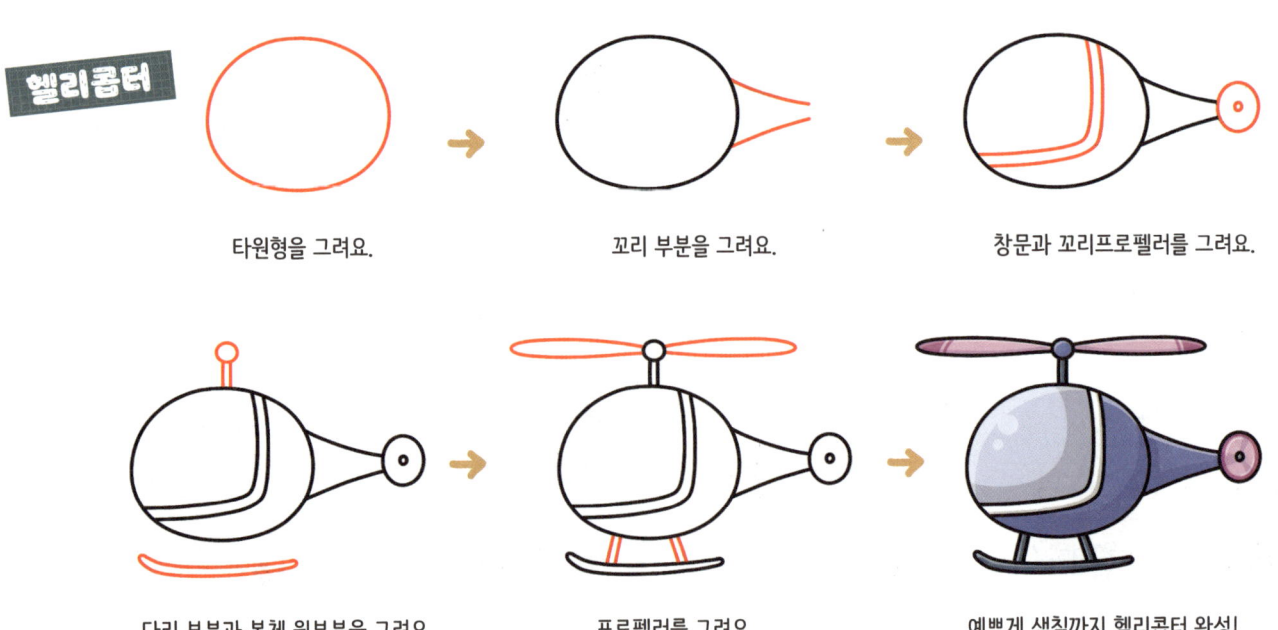

헬리콥터

- 타원형을 그려요.
- 꼬리 부분을 그려요.
- 창문과 꼬리프로펠러를 그려요.
- 다리 부분과 본체 윗부분을 그려요.
- 프로펠러를 그려요.
- 예쁘게 색칠까지 헬리콥터 완성!

이렇게도 그려봐요!

41 삐뽀삐뽀 구급차와 윙윙윙 굴착기

구급차

바퀴를 그려요.

길쭉한 자동차 모양을 그려요.

구급차 아랫부분을 그려요.

사이렌과 문을 그려요.

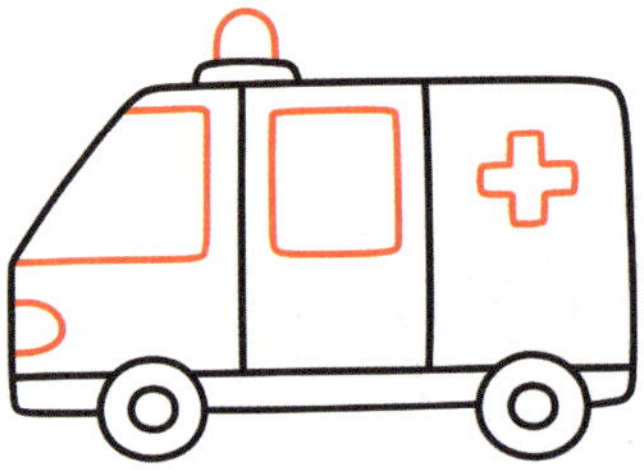

창문과 전조등을 그려요.

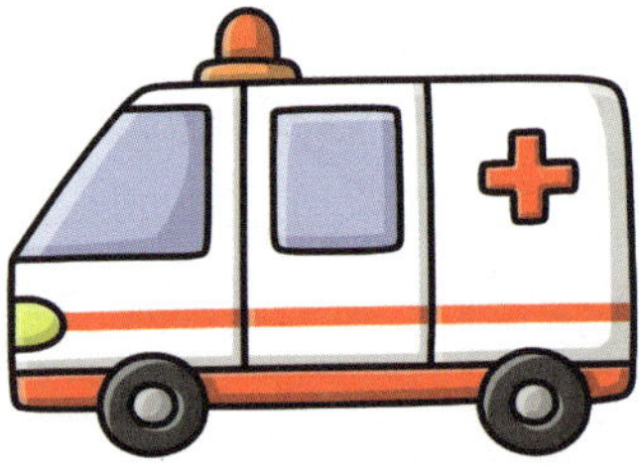

예쁘게 색칠까지 구급차 완성!

굴착기

길쭉한 네모를 그려요.

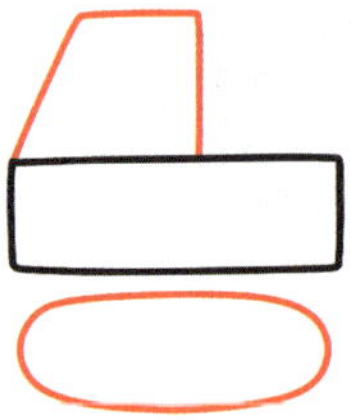

굴착기 윗부분과 바퀴부분을 그려요.

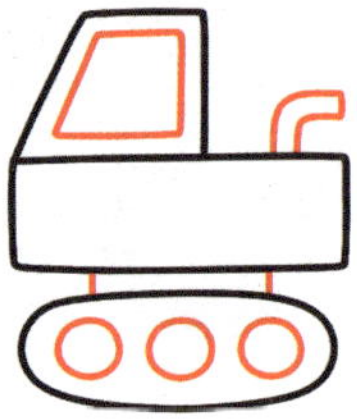

창문과 굴뚝, 바퀴를 그려요.

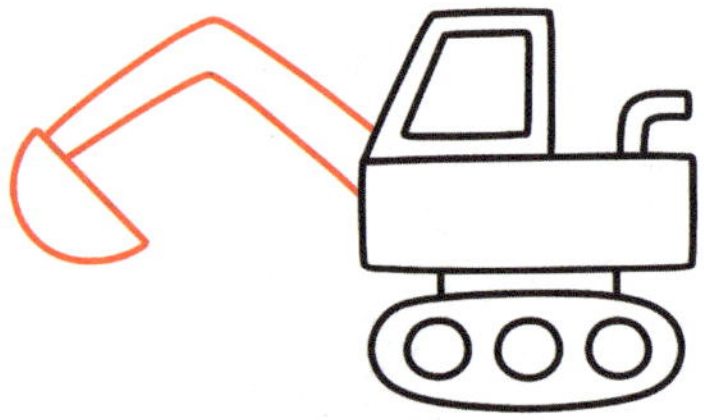

삽을 그려요.

삽 나사를 그려요.

예쁘게 색칠까지 굴착기 완성!

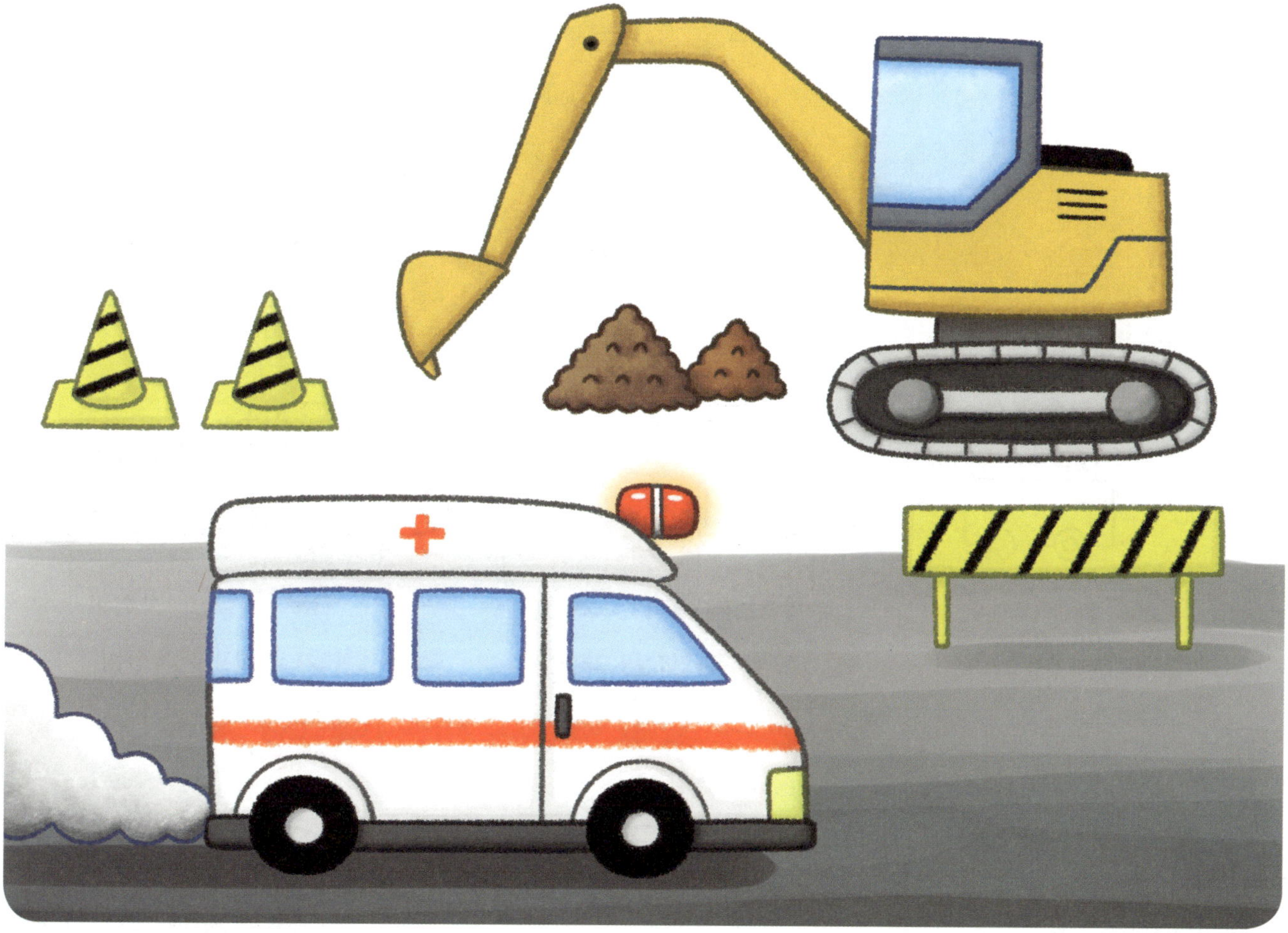

이렇게도 그려봐요!

 **칙칙폭폭 기차와 슝슝 비행기**

바퀴를 그려요.   네모난 운전석을 그려요.   네모난 부품을 그려요.

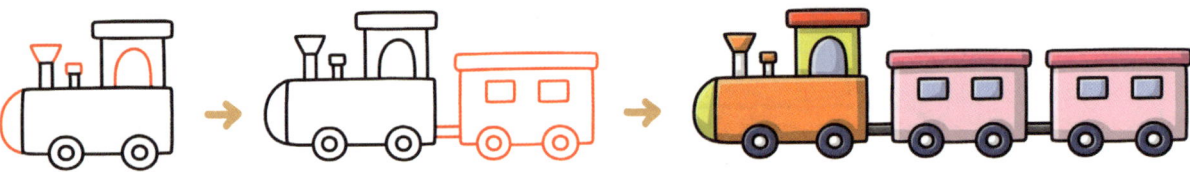

굴뚝까지 그리며 기차 앞부분 완성!   네모난 객실을 추가로 그려요.   예쁘게 색칠까지 기차 완성!

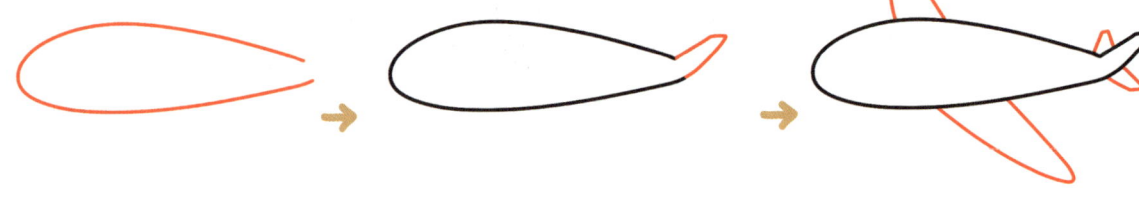

비행기 몸체를 그려요.   뒷날개를 그려요.   앞날개와 꼬리를 그려요.

창문을 그려요.   남은 창문과 엔진을 그려요.   예쁘게 색칠까지 비행기 완성!

이렇게도 그려봐요!

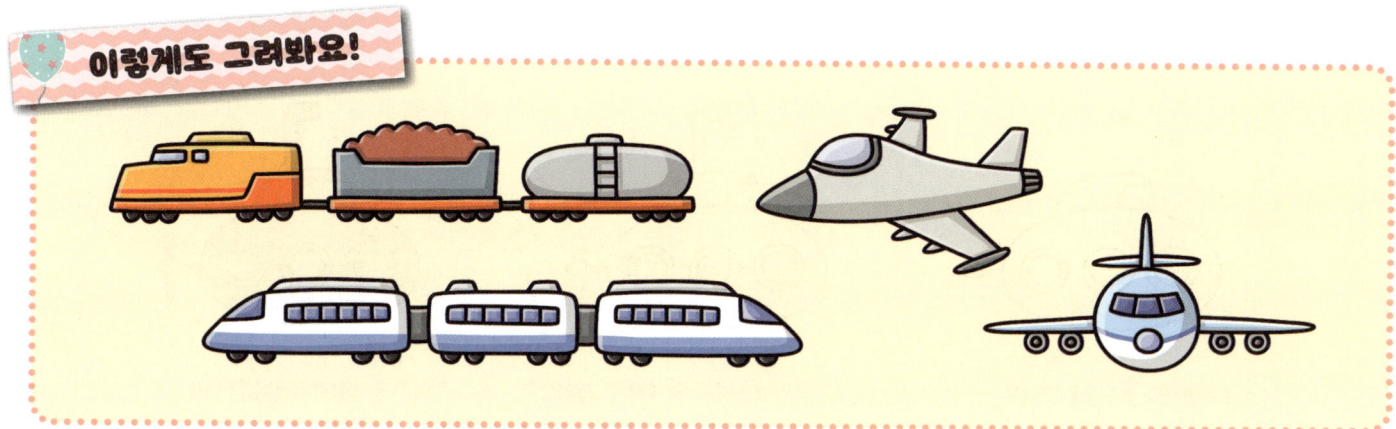

103

43 바다 위에는 배, 바다 아래에는 잠수함

배

배 밑부분을 그려요.

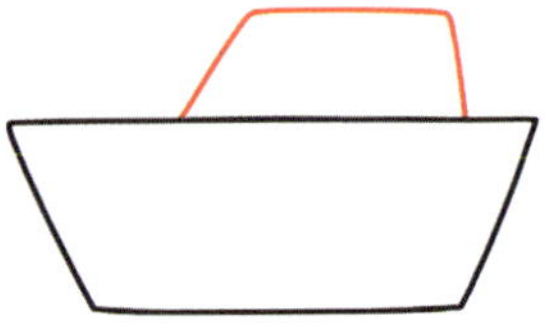

배 윗부분을 그려요.

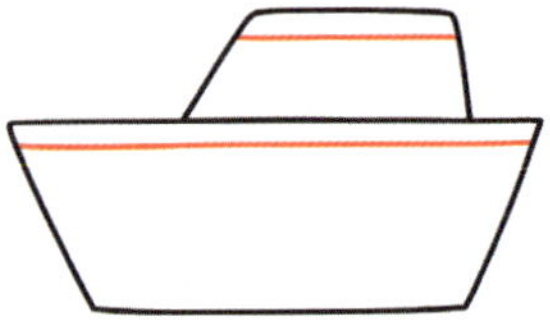

선을 그려요.

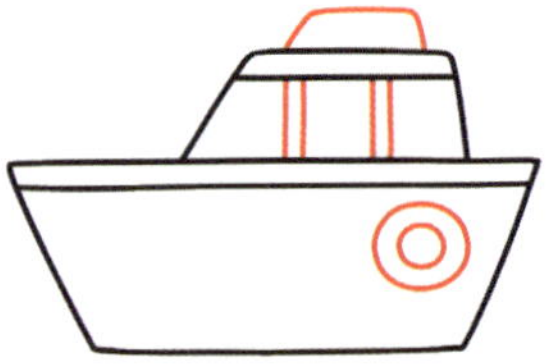

창문과 튜브를 그려요.

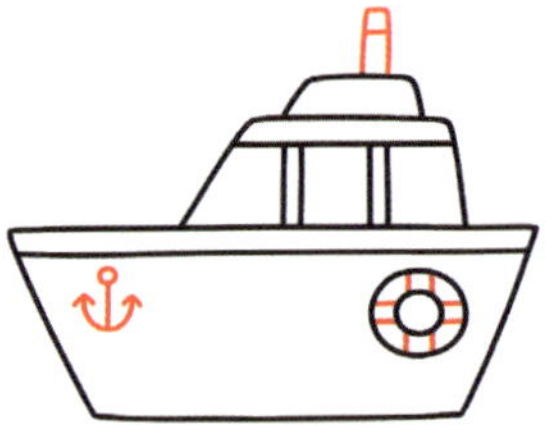

장식을 그려요.

예쁘게 색칠까지 배 완성!

잠수함

납작한 동그라미를 그려요.

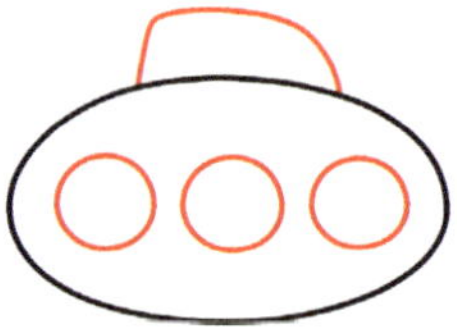

창문과 윗부분을 그려요.

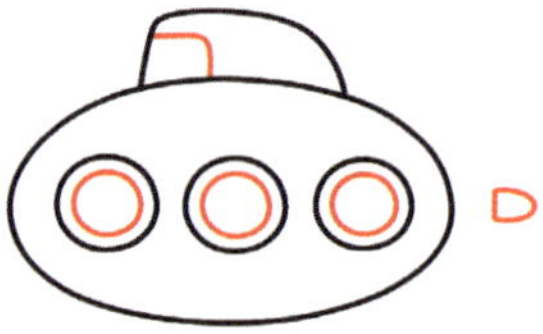

창문을 자세하게 그려요.

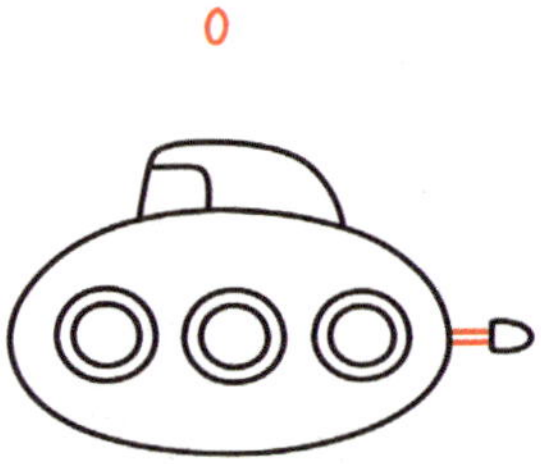

프로펠러와 스노클을 그려요.

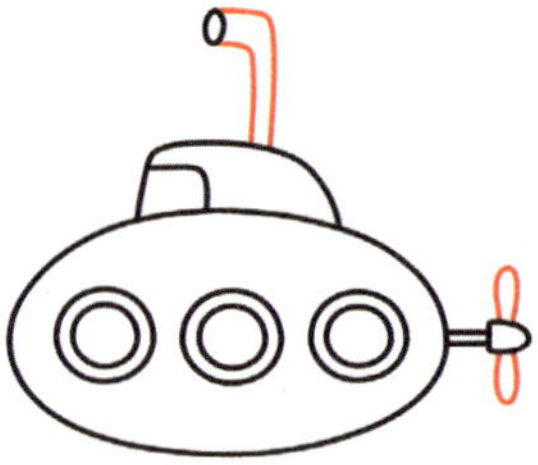

프로펠러와 스노클을 자세하게 그려요.

예쁘게 색칠까지 잠수함 완성!

이렇게도 그려봐요!

44 타요타요! 버스와 택시

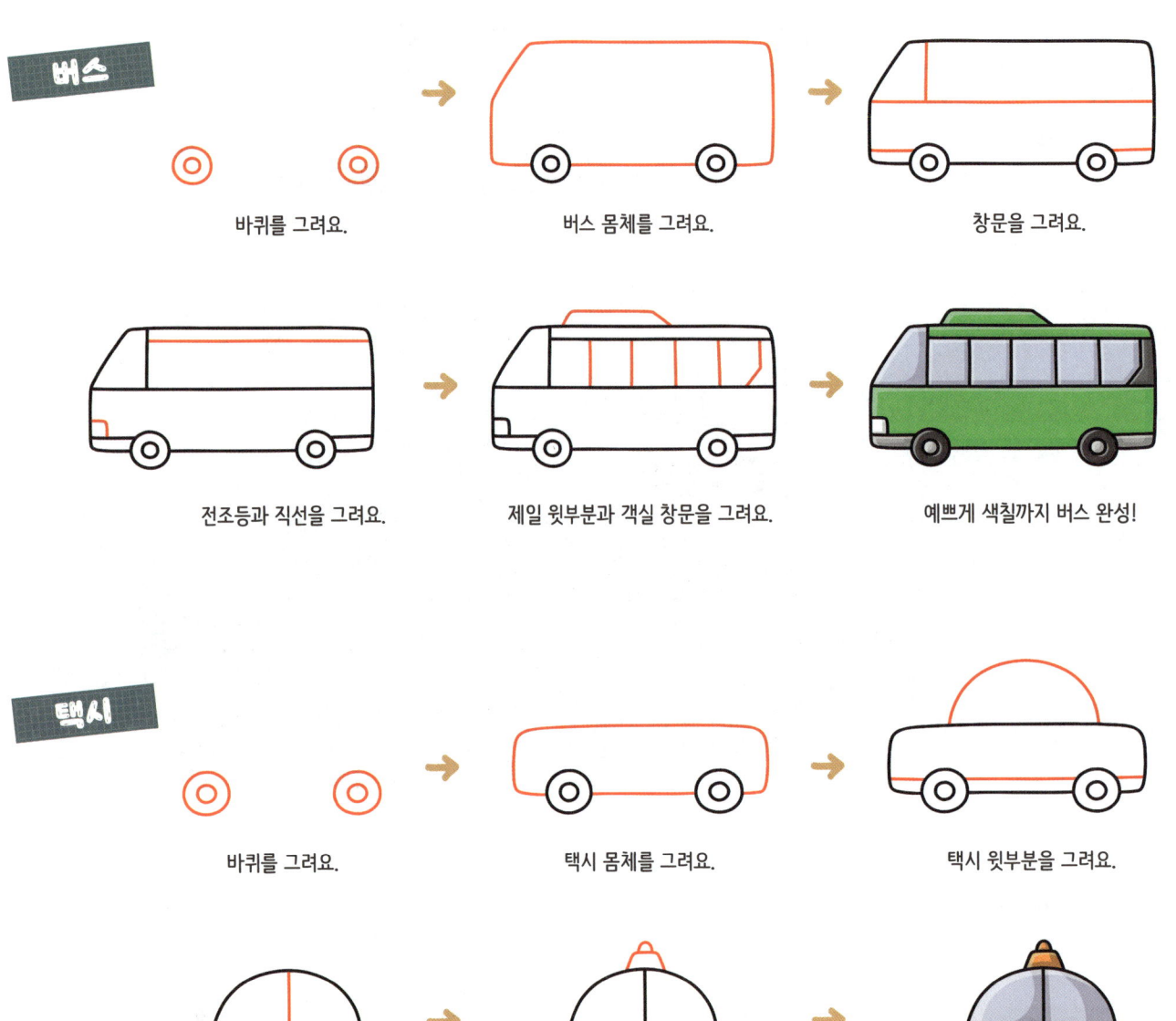

이렇게도 그려봐요!

 부릉부릉 오토바이와 따르릉 자전거

오토바이

바퀴를 그려요.

바퀴 안팎에 부품을 그려요.

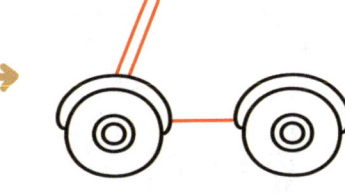
운전대를 그려요.

손잡이와 안장을 그려요.

전조등과 의자를 그려요.

예쁘게 색칠까지 오토바이 완성!

자전거

바퀴를 그려요.

운전대와 패달 부분을 그려요.

 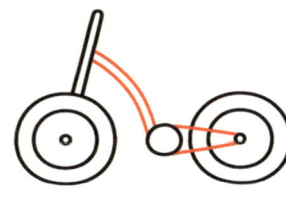
이음새와 체인을 그려요.

손잡이, 안장, 전등, 페달을 그려요.

이음새를 모두 그려요.

예쁘게 색칠까지 자전거 완성!

이렇게도 그려봐요!

46 하늘 높이 날아라! 로켓과 열기구

로켓

네모난 몸체를 그려요. → 세모난 앞부분과 날개를 그려요. → 동그란 창문을 그려요. → 나사를 그려요.

엔진을 그려요. → 엔진을 자세하게 그려요. → 불꽃을 그려요. → 예쁘게 색칠까지 로켓 완성!

열기구

열기구 윗부분을 그려요. → 풍선 아랫부분을 그려요. → 열기구 아랫부분을 그려요. → 바구니 부분을 그려요.

모래 주머니를 그려요. → 풍선에 곡선을 그려요. → 남은 곡선도 그려요. → 예쁘게 색칠까지 열기구 완성!

이렇게도 그려봐요!

part 05
상상여행

47 옛날에는 지구에 공룡이 살았대!

티라노사우루스

 →  →  →

공룡 입 부분을 그려요. / 공룡 얼굴을 그려요. / 눈, 코, 이빨을 그려요. / 등과 다리를 그려요.

 →  →

배와 발을 그려요. / 나머지 다리와 팔을 그려요. / 예쁘게 색칠까지 티라노사우루스 완성!

트리케라톱스

 →  →  →

곡선을 그려요. / 얼굴을 그려요. / 뿔과 눈, 코, 입을 그려요. / 등과 앞다리, 뒷다리를 그려요.

 →  →

배를 그려요. / 나머지 다리를 그려요. / 예쁘게 색칠까지 트리케라톱스 완성!

이렇게도 그려봐요!

 옛날 옛적에 공주님과 왕자님이 살았대!

공주

얼굴을 그려요. → 앞머리와 귀를 그려요. → 머리를 그려요. → 왕관과 눈, 입을 그려요.

몸을 그려요. → 드레스를 그려요. → 풍성한 머리카락과 팔을 그려요. → 예쁘게 색칠까지 공주 완성!

왕자

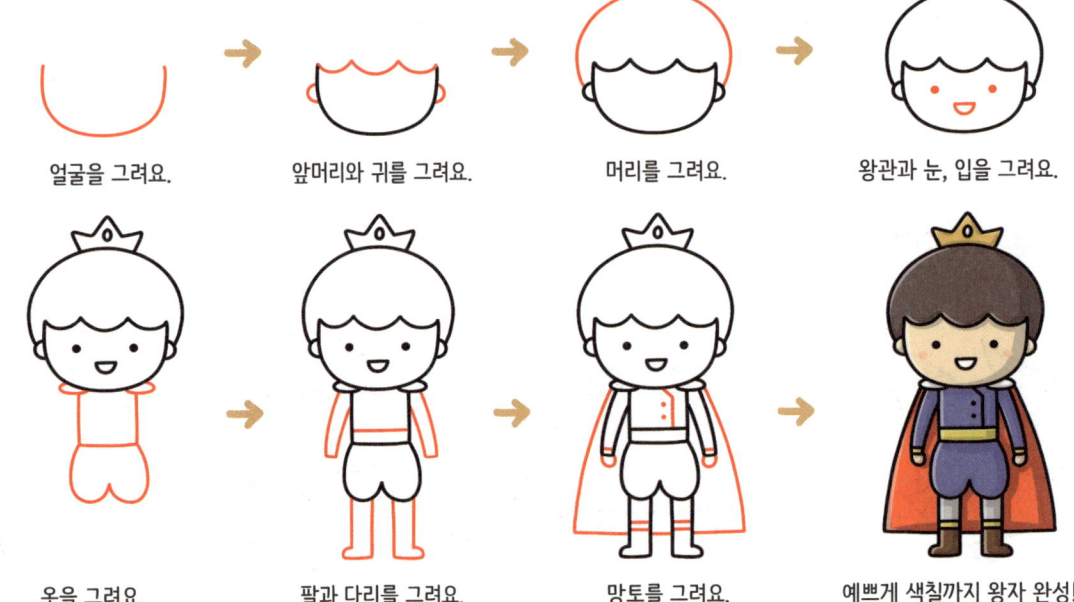

얼굴을 그려요. → 앞머리와 귀를 그려요. → 머리를 그려요. → 왕관과 눈, 입을 그려요.

옷을 그려요. → 팔과 다리를 그려요. → 망토를 그려요. → 예쁘게 색칠까지 왕자 완성!

이렇게도 그려봐요!

 삐리삐리 로봇과 뾰로롱 요정

로봇

 →  →  →

네모난 로봇 머리를 그려요. / 눈, 귀, 입을 그려요. / 안테나와 몸통을 그려요. / 옷의 장식을 그려요.

 →  →  →

팔다리를 그려요. / 손발을 그려요. / 팔다리 주름과 하트를 그려요. / 예쁘게 색칠까지 로봇 완성!

요정

 → 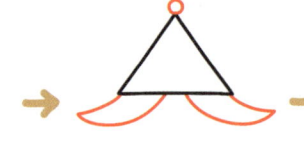 →  →

세모 모자를 그려요. / 앞머리와 모자 장식을 그려요. / 얼굴을 그려요. / 눈과 입, 귀를 그려요.

 →  →  →

몸통을 그려요. / 팔과 다리를 그려요. / 날개와 요술봉을 그려요. / 예쁘게 색칠까지 요정 완성!

이렇게도 그려봐요!

50 해피 할로윈 데이! 할로윈호박과 마녀

할로윈호박

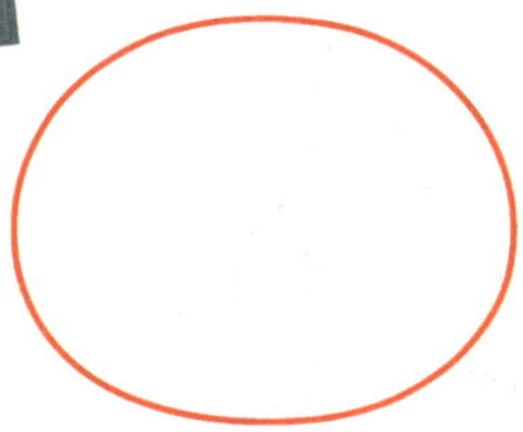

동그라미를 그려요. 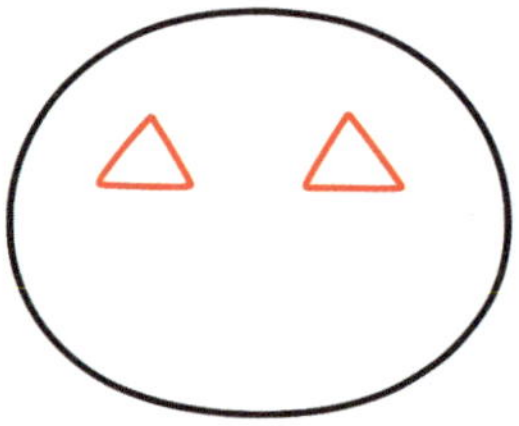 → 세모난 눈을 그려요.  → 세모 코와 삐쭉 윗입술을 그려요.

아랫입술도 그려요.  → 호박 줄무늬와 꼭지를 그려요.  → 예쁘게 색칠까지 할로윈호박 완성!

마녀

세모를 그려요. 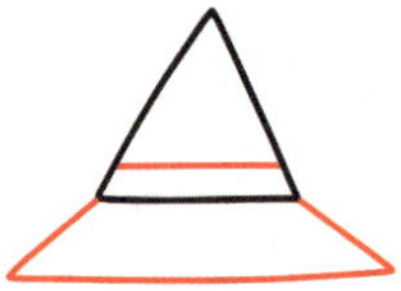 → 모자를 그려요. 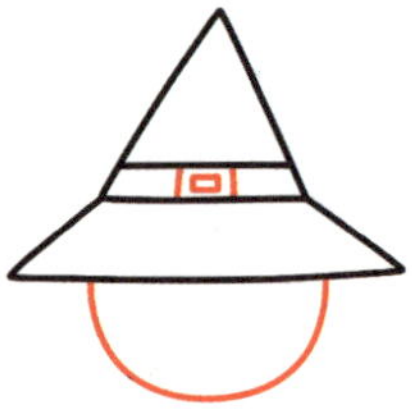 → 얼굴을 그려요.  → 옆머리와 눈, 입, 귀를 그려요.

몸을 그려요.  → 머리와 팔다리, 땋은 머리를 그려요.  → 리본과 손을 그려요.  → 예쁘게 색칠까지 마녀 완성!

이렇게도 그려봐요!

121

51 착한 천사와 나쁜 악마

천사

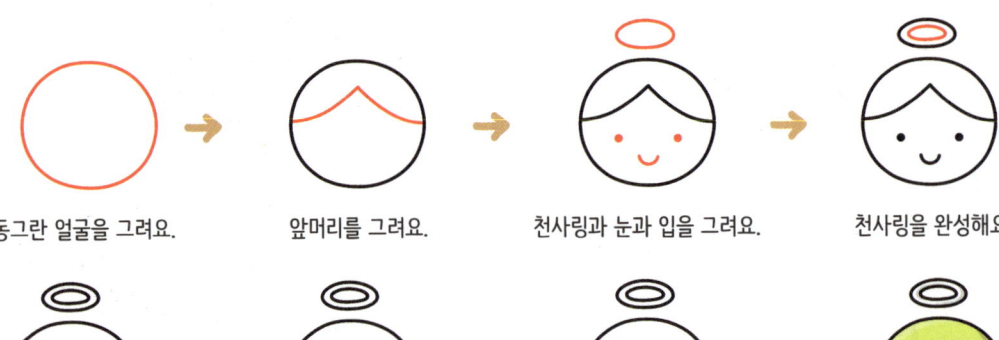

동그란 얼굴을 그려요. → 앞머리를 그려요. → 천사링과 눈과 입을 그려요. → 천사링을 완성해요.

 →  →  →

몸을 그려요. → 윗날개와 팔다리를 그려요. → 풍성한 머리와 날개 아래를 그려요. → 예쁘게 색칠까지 천사 완성!

악마

동그란 얼굴을 그려요. → 뿔을 그려요. → 앞머리와 눈, 입을 그려요. → 이빨을 그려요.

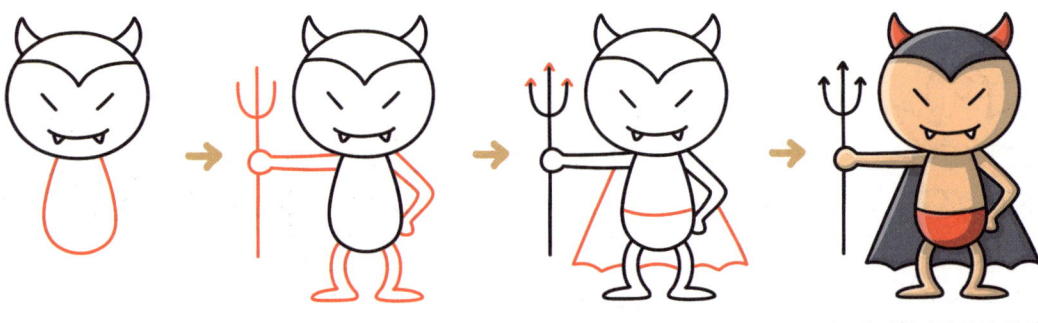

몸을 그려요. → 팔과 다리, 삼지창을 그려요. → 망토를 그려요. → 예쁘게 색칠까지 악마 완성!

이렇게도 그려봐요!

 메리 크리스마스! 산타와 눈사람

산타

긴 네모를 그려요. → 모자를 그려요. → 얼굴과 눈, 코를 그려요. → 입과 수염을 그려요.

몸을 그려요. → 팔다리를 그려요. → 장갑과 신발을 그려요. → 예쁘게 색칠까지 산타 완성!

눈사람

동그라미를 그려요. → 모자챙을 그려요. → 모자 윗부분과 코를 그려요. → 눈과 입을 그려요.

목도리 부분을 그려요. → 몸통을 그려요. → 팔과 단추를 그려요. → 예쁘게 색칠까지 눈사람 완성!

MERRY CHRISTMAS

이렇게도 그려봐요!

53 호박마차를 타고 온 신데렐라

신데렐라

둥근 머리를 그려요. → 앞머리를 그려요. → 올림머리와 얼굴, 귀를 그려요. → 눈과 입, 귀걸이를 그려요.

   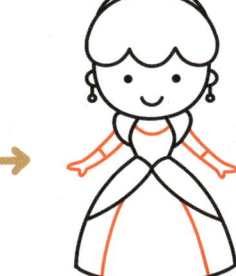 

몸을 그려요. → 드레스를 그려요. → 팔을 그려요. → 예쁘게 색칠까지 신데렐라 완성!

호박마차

  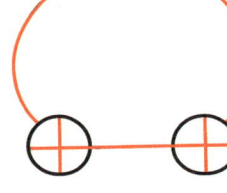  

바퀴를 그려요. → 둥근 마차를 그려요. → 문을 그려요.

창문과 하트 장식을 그려요. → 나머지 장식을 그려요. → 예쁘게 색칠까지 호박마차 완성!

이렇게도 그려봐요!

54 예쁜 성에 사는 백설공주

둥근 얼굴을 그려요. → 앞머리를 그려요. → 머리를 그려요. → 리본장식, 눈, 입을 그려요.

몸을 그려요. → 드레스를 그려요. → 팔을 그려요. → 예쁘게 색칠까지 백설공주 완성!

 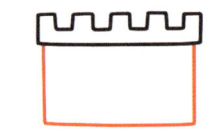 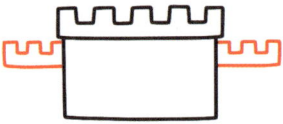

성의 가운데 부분을 그려요. → 성의 아랫부분을 그려요. → 양 옆에도 성의 가운데를 그려요.

성의 아랫부분과 윗부분을 그려요. → 창문과 뾰족한 지붕과 깃발을 그려요. → 예쁘게 색칠까지 성 완성!

🎈 이렇게도 그려봐요!

55 바다에는 인어공주와 진주조개

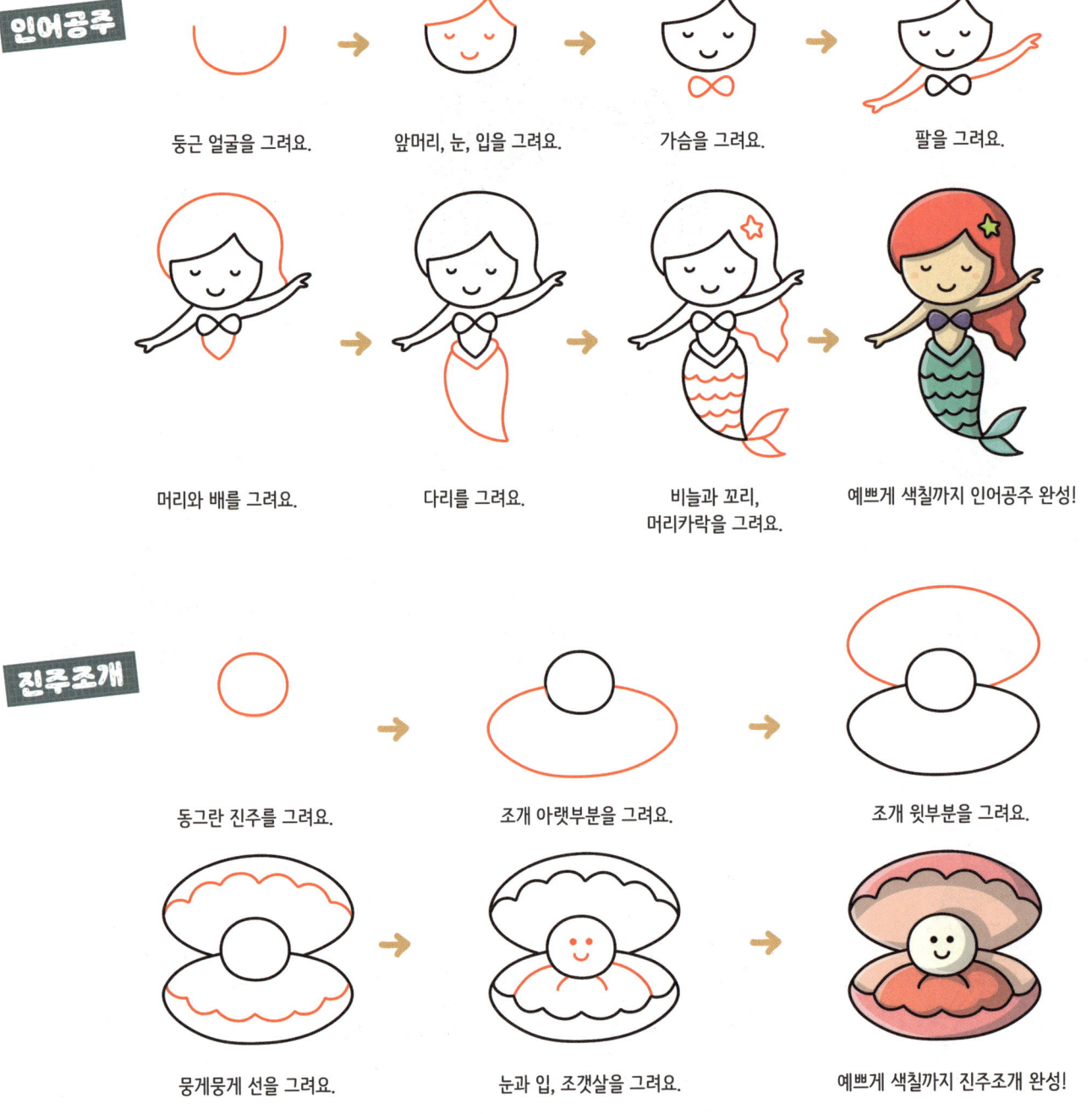

이렇게도 그려봐요!

part 06

사물과 음식

 내가 살고 싶은 예쁜 우리 집

집1

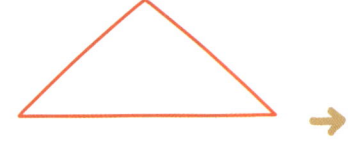 → 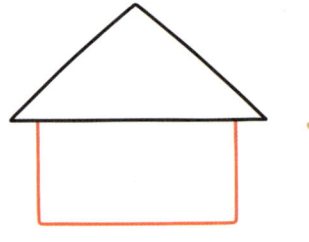 →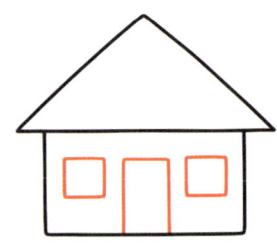

세모난 지붕을 그려요.   네모난 벽을 그려요.   창문과 문을 그려요.

 →  →

창문과 문을 자세하게 그려요.   지붕에 창문과 굴뚝을 그려요.   예쁘게 색칠까지 집 완성!

집2

 →  →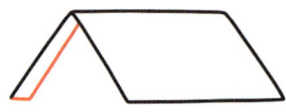

뾰족한 지붕을 그려요.   잘 보이는 지붕을 그려요.   숨은 지붕을 그려요.

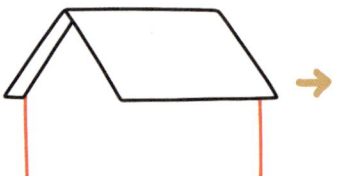 →  →

네모난 벽을 그려요.   창문과 문을 그려요.   예쁘게 색칠까지 옆모습 집 완성!

이렇게도 그려봐요!

135

57 거실에서 딩가딩가 놀아요!

텔레비전 
네모를 그려요. → 화면과 받침대를 그려요. → 연결 부분과 버튼을 그려요. → 예쁘게 색칠까지 텔레비전 완성!

핸드폰 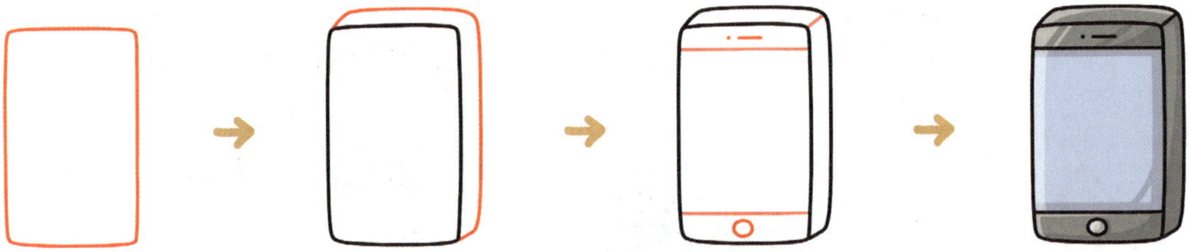
네모를 그려요. → 핸드폰 옆 부분을 그려요. → 스피커 부분과 버튼을 그려요. → 예쁘게 색칠까지 핸드폰 완성!

카메라 
네모를 그려요. → 직선과 동그라미를 그려요. → 버튼과 렌즈 부분을 그려요. → 예쁘게 색칠까지 카메라 완성!

헤드폰 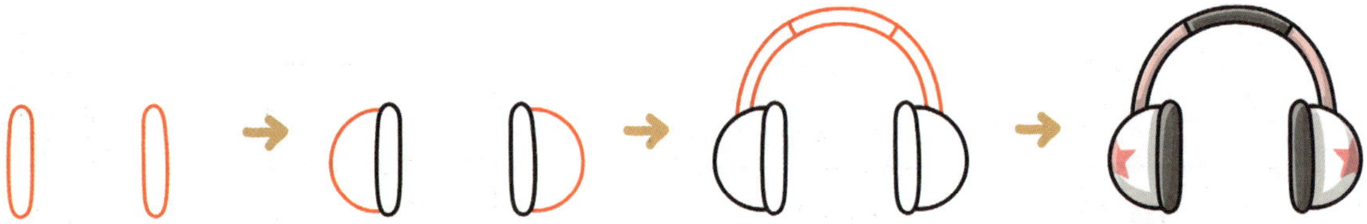
납작한 기둥을 두 개 그려요. → 둥근 선을 그려요. → 곡선을 그려요. → 예쁘게 색칠까지 헤드폰 완성!

이렇게도 그려봐요!

 오늘은 또 뭐 하고 놀까?

컵

 →  →  →

타원형을 그려요. / 원기둥을 그려요. / 손잡이를 그려요. / 예쁘게 색칠까지 컵 완성!

주전자

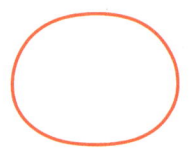 →  →  →

동그라미를 그려요. / 뚜껑을 그려요. / 주둥이와 손잡이를 그려요. / 예쁘게 색칠까지 주전자 완성!

화분

 →  →  →

화분 윗부분을 그려요. / 화분 아랫부분과 새싹을 그려요. / 잎맥을 그려요. / 예쁘게 색칠까지 화분 완성!

우산

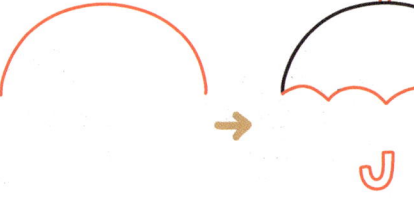 → 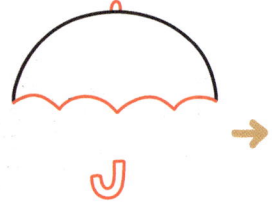 →  →

우산 윗부분을 그려요. / 우산 아랫부분과 손잡이를 그려요. / 우산살과 기둥을 그려요. / 예쁘게 색칠까지 우산 완성!

이렇게도 그려봐요!

139

59 내 방 책상을 정리정돈해요!

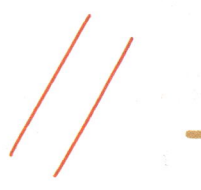 → 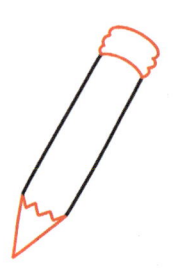 → 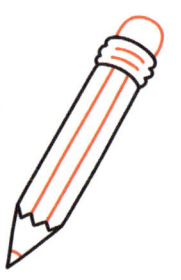 →

연필대를 그려요. 　　 연필심을 그려요. 　　 지우개를 그려요. 　　 예쁘게 색칠까지 연필 완성!

 → 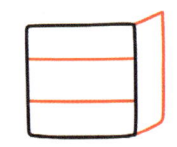 → 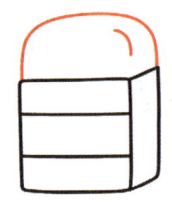 →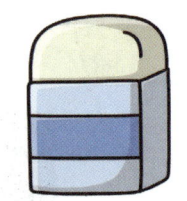

네모를 그려요. 　　 포장지를 그려요. 　　 둥근 지우개를 그려요. 　　 예쁘게 색칠까지 지우개 완성!

 →  →  →

곡선을 그려요. 　　 책끝을 그려요. 　　 글 부분과 책 옆 부분을 그려요. 　　 예쁘게 색칠까지 책 완성!

 → 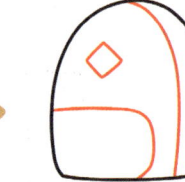 →  →

찌그러진 동그라미를 그려요. 　　 지퍼와 주머니를 그려요. 　　 주머니 장식과 가방끈을 그려요 　　 예쁘게 색칠까지 가방 완성!

이렇게도 그려봐요!

60 무슨 선물을 사달라고 할까?

모자

 →  →

모자 윗부분을 그려요. → 모자챙을 그려요. → 리본 장식을 그려요. → 예쁘게 색칠까지 모자 완성!

신발

 →  →  →

신발 모양을 그려요. → 앞코와 밑면을 그려요. → 신발 끈과 디자인을 그려요. → 예쁘게 색칠까지 신발 완성!

안경

 →  →  →

둥근 안경 테두리를 그려요. → 안경다리를 그려요. → 안경다리를 자세히 그려요. → 예쁘게 색칠까지 안경 완성!

리본

 → 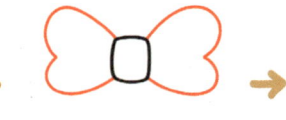 →  →

끝이 둥근 네모를 그려요. → 하트 모양으로 장식을 그려요. → 리본 매듭 부분을 그려요. → 예쁘게 색칠까지 리본 완성!

이렇게도 그려봐요!

61 내가 오늘 가지고 싶은 것은?

  →  →  →

동그라미를 그려요.　　시계 부품을 그려요.　　시침과 분침을 그려요.　　예쁘게 색칠까지 시계 완성!

 →  →  →

네모를 그려요.　　리본 끈을 그려요.　　나머지 끈을 그려요.　　예쁘게 색칠까지 선물 완성!

  → 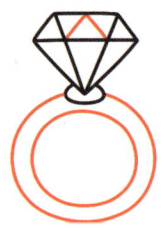 →

다이아몬드 모양을 그려요.　　세공을 그려요.　　링을 그려요.　　예쁘게 색칠까지 반지 완성!

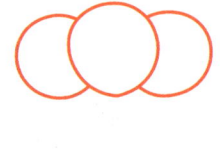 → 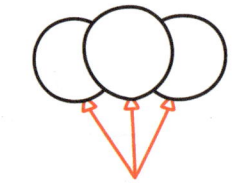 →  →

동그라미 3개를 붙여서 그려요.　　풍선 매듭과 끈을 그려요.　　리본 매듭을 그려요.　　예쁘게 색칠까지 풍선 완성!

이렇게도 그려봐요!

145

 생일 축하합니다!

 생일 케이크

1층에 빵을 그려요.

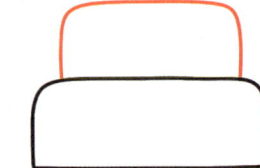
2층에 빵을 그려요.

촛불을 그려요.

케이크 기본 장식을 그려요.

자세하게 장식을 그려요.

예쁘게 색칠까지 생일케이크 완성!

 컵케이크

컵 모양을 그려요.

컵의 주름을 그려요.

크림 아래층을 그려요.

나머지 크림을 그려요.

크림 모양을 그려요.

예쁘게 색칠까지 컵케이크 완성!

이렇게도 그려봐요!

63 한여름 날의 간식

아이스크림

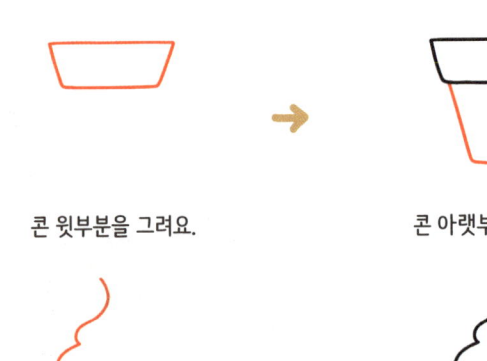  

콘 윗부분을 그려요. | 콘 아랫부분을 그려요. | 콘에 무늬를 그려요.

크림을 둥글둥글하게 그려요. | 나머지도 둥글둥글하게 그려요. | 예쁘게 색칠까지 아이스크림 완성!

팥빙수

반원의 컵을 그려요. | 컵 아랫부분을 그려요. | 가득 쌓인 얼음을 그려요.

팥과 토핑을 그려요. | 토핑을 자세하게 그려요. | 예쁘게 색칠까지 팥빙수 완성!

이렇게도 그려봐요!

149

64 즐거운 야식시간

햄버거
- 둥근 햄버거 빵을 그려요.
- 둥근 토마토를 그려요.
- 삐쭉하게 야채를 그려요.
- 고기패티와 치즈를 그려요.
- 마지막 빵을 그려요.
- 예쁘게 색칠까지 햄버거 완성!

피자
- 세모난 피자 빵을 그려요.
- 빵 끝을 그려요.
- 피자의 잘린 부분을 그려요.
- 동그란 페페로니를 그려요.
- 토핑을 골고루 그려요.
- 예쁘게 색칠까지 피자 완성!

이렇게도 그려봐요!

65 즐거운 간식시간

초콜릿

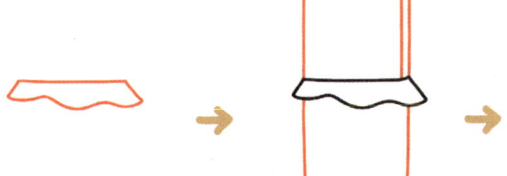

찢은 포장지를 그려요. → 네모난 초콜릿을 그려요. → 초콜릿 무늬를 그려요. → 예쁘게 색칠까지 초콜릿 완성!

쿠키

둥근 쿠키 얼굴을 그려요. → 팔다리, 몸통을 그려요. → 쿠키에 장식을 그려요. → 예쁘게 색칠까지 쿠키 완성!

젤리

귀여운 곰 얼굴을 그려요. → 팔을 그려요. → 다리와 눈, 코를 그려요. → 예쁘게 색칠까지 젤리 완성!

사탕

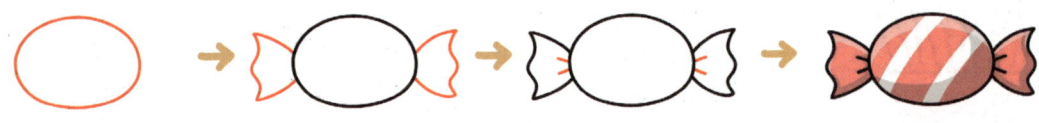

길쭉한 동그라미를 그려요. → 양 끝에 포장지 매듭을 그려요. → 포장지 주름을 그려요. → 예쁘게 색칠까지 사탕 완성!

이렇게도 그려봐요!

찾아보기

 ㄱ

가방	140
간호사	90
강아지	14
개구리	42
개미	60
거미	60
거북이	16
경찰관	88
경찰차	96
고래	46
고슴도치	36
고양이	14
곰	26
공주	116
과일나무	66
구급차	100
굴착기	100
기린	28
기차	102
꽃게	52

 ㄴ

나무	66
나비	56
남자아이	78
눈사람	124
늑대	20

 ㄷ

다람쥐	36
달팽이	64
닭	18
당근	74
돌고래	44
동생	82
돼지	30
딸기	72

 ㄹ

로봇	118
로켓	110
리본	142

 ㅁ

마녀	120
말	28
매미	58
메뚜기	62
모자	142
무당벌레	64
문어	50
물개	48
물고기	44

 ㅂ

| 반지 | 144 |
| 배 | 104 |

배추	74
백설공주	128
버섯	74
버스	106
벌	56
병아리	18
부엉이	38
비행기	102

ㅅ

사과	72
사슴	24
사자	22
사탕	152
산타	124
상어	46
새	38
새우	52
생일케이크	146
생쥐	22
선물	144
선생님	86
성	128
소	30
소방관	88
소방차	98
수박	72
시계	144
신데렐라	126
신발	142

ㅇ

아기	82
아빠	80
아이스크림	148
악마	122
악어	40
안경	142
애벌레	58
양	20
양파	74
엄마	80
여우	26
여자아이	78
연필	140
열기구	110
오리	42
오징어	50
오토바이	108
요정	118
왕자	116
외계인	92
우산	138
우주비행사	92
원숭이	32
의사	90
인어공주	130

ㅈ

자동차	96
자전거	108

잠수함	104
잠자리	62
장미	68
젤리	152
주전자	138
지우개	140
진주조개	130
집	134

책	140
천사	122
초콜릿	152

ㅋ

카네이션	70
카메라	136
캥거루	34
컵	138
컵케익	146
코끼리	32
코알라	34
쿠키	152

ㅌ

택시	106
텔레비전	136
토끼	16
튤립	68
트리케라톱스	114
티라노사우루스	114

팥빙수	148
펭귄	48
포도	72
풍선	144
피자	150

하마	40
학생	86
할로윈호박	120
할머니	84
할아버지	84
해바라기	70
핸드폰	136
햄버거	150
헤드폰	136
헬리콥터	98
호랑이	24
호박마차	126
화분	138